AF453011

LES
CATASTROPHES CÉLÈBRES

—

4ᵉ SÉRIE IN-8ᵒ

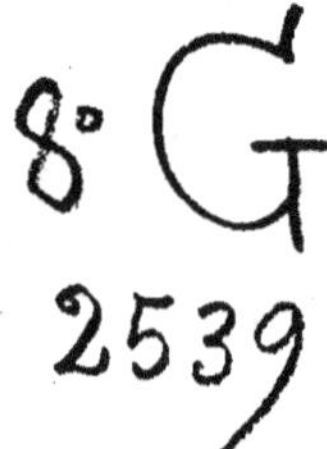

Eboulement du Rossberg.

LES
CATASTROPHES
CÉLÈBRES

PAR

H. DE CHAVANNES DE LA GIRAUDIÈRE

—

DIX-SEPTIÈME ÉDITION
REVUE ET AUGMENTÉE

TOURS
ALFRED MAME ET FILS, ÉDITEURS

—

1897

PRÉFACE

—

Donner quelques détails intéressants sur les catastrophes qui méritent le plus d'être connues,
telle a été notre intention en publiant ce volume.
La vie humaine est sans cesse exposée; de là le
penchant naturel au cœur de l'homme de com-
patir aux infortunes de ses semblables, sa curiosité de connaître les circonstances qui les peuvent
produire.

Deux plans s'offraient à nous pour la publication de ces détails sur les catastrophes les plus
diverses et les plus multiples. Nous aurions pu les
grouper d'après leur nature; ce plan aurait eu
l'inconvénient d'offrir au lecteur l'un à la suite de
l'autre plusieurs récits ayant nécessairement entre
eux quelque analogie. Nous avons préféré les
donner dans l'ordre chronologique. Certains dé-

tails donnés par les contemporains ne s'expliquent guère que par l'époque même à laquelle ils appartiennent.

Nécessairement il a fallu faire un choix : tout en admettant dans notre recueil les catastrophes de toutes les époques de l'histoire et de tous les pays, nous avons choisi relativement un plus grand nombre de catastrophes récentes et intéressant notre pays.

Puisse ce petit volume instruire et intéresser nos lecteurs.

LES
CATASTROPHES
CÉLÈBRES

———◦———

I

RUINES DE POMPÉIA, D'HERCULANUM ET DE PLUSIEURS VILLES ENVIRONNANTES

(79)

Les seuls détails circonstanciés qui nous restent sur l'éruption du Vésuve qui détruisit Pompéi, Herculanum et sept autres villes ou bourgades de la Campanie (Stabie, Oplonte, Resina, Tegianum, Taurania, Cose et Vésères), se trouvent consignés dans deux lettres que Pline le Jeune écrivit à son ami Tacite. Il raconte dans la première la mort de son oncle, et dans la seconde l'affreux péril auquel il échappa lui-même avec sa mère.

Nous commencerons donc par transcrire ces deux lettres, précieuse relation d'un témoin oculaire; puis nous essayerons, en nous appuyant sur les savantes observations de M. Dufrenoy, de suppléer à ce que le récit de Pline laisse d'obscur ou d'incomplet.

Voici les deux lettres de Pline. Nous n'en avons retranché que quelques passages sans importance.

1*

« ... Mon oncle était à Misène, où il commandait la flotte :
le vingt-troisième jour du mois d'août, vers une heure de
l'après-midi, ma mère l'avertit qu'il paraissait un nuage
d'une grandeur et d'une figure extraordinaires... Il se lève
et monte en un lieu d'où il pouvait aisément observer ce
prodige. Il était difficile de discerner de loin de quelle montagne ce nuage sortait. L'événement a découvert depuis
que c'était du mont Vésuve. Sa figure approchait de celle
d'un arbre, et d'un pin plus que d'aucun autre ; car, après
s'être élevé fort haut en forme de tronc, il s'épanouissait
comme une masse de feuilles et de branchages. Je m'ima-
gine qu'une force souterraine le poussait d'abord avec
impétuosité, puis le soutenait dans les airs. Mais, soit que
l'impulsion diminuât peu à peu, soit plutôt que ce nuage
s'affaissât par son propre poids, on le voyait se dilater et
se répandre au loin. Il paraissait tantôt blanc, tantôt noi-
râtre, selon qu'il était plus ou moins chargé de cendres et
de matières terreuses. Ce prodige surprit mon oncle, qui
était très savant, et qui le crut digne d'être examiné de
plus près. Il ordonne qu'on lui prépare son embarcation
et me laisse la liberté de le suivre. Je lui répondis que
j'aimais mieux étudier : il m'avait justement donné quelque
chose à écrire. Il sortait de chez lui, ses tablettes à la
main, lorsque les troupes de la flotte qui étaient à Rétines, effrayées par la grandeur du danger, vinrent le
conjurer de vouloir bien les garantir d'un si affreux péril
en leur permettant de s'embarquer. Il ne changea pas de
dessein, et poursuivit avec un courage héroïque ce qu'il
n'avait d'abord entrepris que par curiosité. Il fait venir
les galères, s'y embarque lui-même, et part dans le dessein de voir quel secours on pourrait donner non seulement à Rétines, où les troupes étaient casernées, mais
aux autres bourgs de la côte, qui sont en grand nombre,
à cause de sa beauté. Il se presse d'arriver au lieu d'où
tout le monde fuit et où le péril paraissait le plus grand,
mais avec une telle liberté d'esprit, qu'à mesure qu'il apercevait quelque mouvement ou quelque figure extraordi-

naire dans le prodige, il faisait ses observations et dictait des notes. Déjà sur son vaisseau volait de la cendre plus épaisse et plus chaude à mesure qu'il avançait; déjà tombaient autour de lui des pierres calcinées, des cailloux tout noirs, tout brûlés; déjà la mer semblait refluer et le rivage devenir inaccessible par des morceaux entiers de montagnes dont il était couvert, lorsque, après s'être arrêté quelques moments, incertain s'il retournerait, il dit à son pilote, qui lui conseillait de gagner la haute mer : « La fortune favorise le courage : tournez du côté de Pomponianus. » Pomponianus était à Stabie, en un endroit séparé par un petit golfe que forme insensiblement la mer sur ces rivages qui se courbent. Là, à la vue du péril qui semblait encore éloigné, mais qui se rapprochait toujours, il avait retiré tous ses meubles dans ses vaisseaux, et n'attendait pour s'éloigner qu'un vent moins contraire. Mon oncle, à qui ce même vent avait été très favorable, l'aborde, le trouve tout tremblant, le rassure, l'encourage, et, pour dissiper par sa sécurité la crainte de son ami, il se fait porter au bain. Après s'être baigné il se met à table et soupe avec toute sa gaieté, ou, ce qui n'est pas moins grand, avec toutes les apparences de sa gaieté ordinaire. Cependant on voyait luire de plusieurs endroits du mont Vésuve de grandes flammes et des embrasements dont les ténèbres de la nuit augmentaient l'éclat. Mon oncle, pour rassurer ceux qui l'accompagnaient, leur dit que ce qu'ils voyaient brûler c'étaient des villages que les paysans alarmés avaient abandonnés, et qui étaient demeurés sans secours. Ensuite il se coucha, et dormit d'un profond sommeil. Mais enfin la cour par où l'on entrait dans son appartement commençait à se remplir tellement de cendres que, pour peu qu'il fût resté plus longtemps, il ne lui eût plus été libre de sortir. On l'éveille, il sort, et va rejoindre Pomponianus et les autres qui avaient veillé. Ils tiennent conseil, et délibèrent s'ils resteront dans la maison ou s'ils tiendront la campagne; car les maisons étaient si fortement ébranlées par les fréquents tremblements de terre, qu'on aurait dit qu'elles étaient arrachées de leurs fondements et jetées tantôt d'un côté, tantôt d'un autre, puis remises à leur place. En campagne, la chute des pierres, quoique légères et desséchées par le feu, était à craindre. Entre ces deux périls on choisit la rase campagne ; ils sortent donc et se couvrent la tête d'oreillers attachés avec des mouchoirs. Ce furent les seules précautions qu'ils prirent contre ce qui tombait d'en haut. Le jour commençait ailleurs ; mais dans le lieu où ils étaient continuait une nuit la plus sombre et la plus affreuse de toutes les nuits, et qui n'était un peu dissipée que par les lueurs d'un grand nombre de flambeaux. On trouva bon de se rapprocher du rivage, afin d'examiner de près ce que la mer permettait de tenter, mais on la trouva encore fort grosse et agitée d'un vent du large. Là mon oncle, ayant bu deux fois, se coucha sur un drap qu'il fit étendre. Ensuite des flammes qui parurent plus grandes et une odeur de soufre qui annonçait leur approche mirent tout le monde en fuite. Il se lève, appuyé sur deux esclaves, et au même moment il tombe mort. Je suppose que la fumée le suffoqua d'autant plus vite qu'il avait la poitrine faible et la respiration très embarrassée... Trois jours après, on retrouva son corps entier au même endroit où il était tombé, couvert de la même robe et dans la posture d'un homme qui sommeille...

« J'étais de mon côté resté à Misène. Dès que mon oncle fut parti, je continuai la lecture qui m'avait empêché de le suivre... Depuis plusieurs jours un tremblement de terre s'était fait sentir ; mais cela nous avait d'autant moins effrayés, que les bourgades et les villes de la Campanie y sont très sujettes : toutefois il redoubla pendant cette nuit (celle du départ de Pline l'Ancien) avec tant de violence, qu'on eût dit que tout était non pas agité, mais bouleversé. Ma mère entra brusquement dans ma chambre, et me trouva me levant, dans le dessein de l'éveiller si elle eût été endormie. Nous nous asseyons dans la cour, qui ne sépare notre habitation d'avec la mer que par un tout petit

espace. Comme je n'avais que dix-huit ans, je ne sais si
je dois appeler fermeté ou imprudence ce que je fis : je

Les villes de Pompéi et d'Herculanum détruites
par une éruption du Vésuve.

demandai Tite-Live, je me mis à lire, et je continuai à
faire des extraits comme je l'aurais pu faire dans le plus
grand calme. Un ami de mon oncle survint; il était nouvellement arrivé d'Espagne pour le voir. Dès qu'il nous

aperçoit ma mère et moi assis, moi un livre à la main, il nous reproche, à moi ma confiance, à elle sa tranquillité... Il était déjà sept heures du matin, et il ne paraissait encore qu'une lumière faible commé une espèce de crépuscule. Alors les bâtiments furent ébranlés avec de si fortes secousses, qu'il n'y eut plus de sûreté à demeurer dans un lieu à la vérité découvert, mais fort étroit. Nous prenons le parti de quitter la ville; le peuple épouvanté nous suit en foule, nous presse, nous pousse; et, ce qui dans la frayeur tient lieu de prudence, chacun ne croit rien de plus sûr que ce qu'il voit faire aux autres. Après que nous fûmes sortis de la ville, nous nous arrêtons; et là nouveaux prodiges, nouvelles frayeurs. Les voitures que nous avions emmenées avec nous étaient à tout moment si agitées, quoiqu'en pleine campagne, qu'on ne pouvait, même en les calant avec de grosses pierres, les maintenir en place. La mer semblait se renverser sur elle-même, et paraissait comme chassée du rivage par l'ébranlement de la terre. Le rivage, en effet, était devenu plus spacieux et se trouvait rempli de différents poissons demeurés à sec sur le sable.

« A l'opposite, une nuit noire et horrible, crevée par les feux qui s'élançaient en serpentant, s'ouvrait et laissait échapper de longs sillons de feu semblables à des éclairs, mais qui étaient beaucoup plus grands. Alors l'ami dont je viens de parler revint une seconde fois et plus vivement à la charge : « Si votre frère, si votre oncle est vivant, nous dit-il, il veut sans doute que vous vous sauviez, et, s'il a péri, il a voulu que vous lui surviviez. Qu'attendez-vous donc? Pourquoi ne vous sauvez-vous pas? » Nous lui répondîmes que nous ne pouvions songer à notre sûreté pendant que nous étions incertains du sort de notre oncle. L'Espagnol sort sans tarder davantage, et cherche son salut dans une fuite précipitée. Presque aussitôt la nue tombe à terre et couvre les mers; elle dérobait à nos yeux l'île de Caprée, qu'elle enveloppait, et nous cachait le promontoire de Misène. Ma mère me conjure, me presse, m'ordonne de me sauver, de quelque manière que ce soit : elle me représente que cela est facile à mon âge, et que pour elle, chargée d'années et d'embonpoint, elle ne le pouvait faire ; qu'elle mourrait contente si elle n'était pas cause de ma mort. Je lui déclare qu'il n'y avait de salut pour moi qu'avec elle ; je lui prends la main et la force de m'accompagner. Elle le fait péniblement, et se reproche de me retarder. La cendre commençait à tomber sur nous, quoique en petite quantité. Je tourne la tête, et j'aperçois derrière nous une épaisse fumée qui nous suivait en se répandant sur la terre comme un torrent. « Pendant que nous voyons encore, quittons le grand chemin, dis-je à ma mère, de peur qu'en le suivant la foule de ceux qui marchent sur nos pas ne nous étouffe dans les ténèbres. » A peine étions-nous écartés, que l'obscurité augmenta de telle sorte qu'on eût cru être, non pas dans une nuit noire et sans lune, mais dans une chambre où toutes les lumières eussent été éteintes. Vous n'eussiez entendu que plaintes de femmes, que gémissements d'enfants, que cris d'hommes. L'un appelait son père, l'autre son fils, l'autre sa femme ; ils ne se reconnaissaient qu'à la voix. Celui-là déplorait son propre malheur, celui-ci le sort de ses proches. Il s'en trouvait à qui la crainte de la mort faisait invoquer la mort elle-même. Plusieurs imploraient le secours des dieux ; plusieurs croyaient qu'il n'y en avait plus, et s'imaginaient que cette nuit était la dernière, l'éternelle nuit dans laquelle le monde devait être enseveli. Il ne manquait pas même de gens qui augmentaient la crainte raisonnable et juste par des terreurs imaginaires. Ils disaient qu'à Misène ceci était tombé, que cela brûlait ; et la frayeur donnait du poids à leurs mensonges. Il parut une lueur qui nous annonçait non le retour du jour, mais l'approche du feu qui nous menaçait. Il s'arrêta pourtant loin de nous. L'obscurité revient ; et la pluie de cendres recommence plus forte et plus épaisse. Nous étions réduits à nous lever de temps en temps pour secouer nos habits : sans cela les cendres nous eussent accablés. Je pourrais même me vanter qu'au milieu de si affreux dangers il ne m'échappa ni plaintes ni aucun signe de faiblesse; mais j'étais soutenu par cette consolation peu raisonnable, quoique naturelle à l'homme, de croire que tout l'univers périssait avec moi. Enfin cette épaisse et noire vapeur se dissipa tout à fait comme une fumée ou comme un nuage. Bientôt après parut le jour et le soleil même, jaunâtre pourtant et tel qu'il a coutume de faire dans une éclipse. Tout se montrait changé à nos yeux troublés encore, et nous ne trouvions rien qui ne fût caché sous des monceaux de cendres comme sous la neige. On retourne à Misène : chacun s'y établit de son mieux, et nous y passons une nuit entre la crainte et l'espérance; mais la crainte eut la meilleure part, car le tremblement de terre continuait. On ne voyait que gens effrayés entretenir leurs craintes et celles des autres par de sinistres prédictions. Il ne nous vint pourtant aucune pensée de nous retirer jusqu'à ce que nous eussions eu des nouvelles de mon oncle, quoique nous fussions encore dans l'attente d'un péril si effroyable et que nous avions vu de si près [1]... »

Il résulte de ce récit, où les préoccupations vaniteuses de l'auteur latin percent à chaque ligne, que l'éruption du Vésuve dura trois jours, pendant lesquels le volcan ne cessa pas de lancer une telle quantité de cendres, que la campagne en était couverte; et cependant Pline ne parle évidemment que des environs de Misène, qui ne subit pas le triste sort des villes englouties. Ces villes en partie renversées par la violence des tremblements de terre, qui ne discontinuèrent pas de se faire sentir d'une manière effroyable, « puisqu'il fallait en rase campagne caler les chariots avec de grosses pierres pour les empêcher de rouler; » ces villes, disons-nous, disparurent pendant ces trois jours, ou plutôt pendant ces six nuits consécutives, sous une couche de cendres et de débris de toute espèce. Les premiers qui vinrent visiter la place où elles

----

[1] Traduction de M. de Sacy.

se trouvaient pour connaître le sort de leurs parents, de
leurs amis, durent éprouver une stupeur impossible à
décrire en n'apercevant plus qu'une immense plaine de
cendres, où se dressaient çà et là les quartiers des montagnes dont parle Pline, et dont quelques-uns, en roulant

Rue de Pompéi.

jusque dans la mer, avaient sur certains points agrandi
le rivage.

Jusqu'à ces derniers temps, on a cru que l'enfouissement de Pompéia, d'Herculanum et des autres cités qui
partagèrent leur sort, était uniquement dû à l'énorme
quantité de cendres vomies par le Vésuve, et dont une
partie, emportée par le vent, parvint jusqu'en Égypte et
en Syrie.

Un examen plus attentif des lieux a prouvé à M. Dufrenoy que les pluies de cendres, qui ont évidemment causé la mort des habitants, n'ont eu qu'une faible part à la complète disparition des villes. « Si ces villes, dit M. Dufrenoy, avaient été recouvertes entièrement par les cendres, il se serait passé un phénomène du même ordre que l'envahissement des terres par les sables des dunes... Dans les dunes, le sable s'élève graduellement autour des édifices, sans s'introduire dans leur intérieur, et les toits sont recouverts depuis longtemps, qu'on peut encore, au moyen de tranchées, pénétrer dans différentes parties des maisons. A Pompéia, au contraire, tous les vides sont complètement remplis, même les caves les plus profondes et dont les voûtes sont intactes. Ce comble est tellement parfait, que le tuf représente partout l'empreinte exacte des objets qu'il enveloppe, circonstance qui ne peut s'accorder avec une simple pluie de cendres. »

La nature de la couche sous laquelle est ensevelie Pompéia vient donner un nouveau poids aux considérations qui précèdent. Ainsi la masse des débris qui forme cette couche se compose presque exclusivement de matières qui ne peuvent être sorties de la bouche du volcan. De plus, ces matières, par leur disposition, paraissent avoir été déposées par un courant d'eau.

De tout ceci on peut conclure avec beaucoup de raison que la pluie de cendres a commencé l'enfouissement de Pompéia, asphyxié et mis en fuite ses habitants, mais que, l'ébranlement causé par la violence incalculable de l'éruption ayant fait écrouler les contreforts supérieurs du Vésuve qui entouraient son cratère, ce sont les débris de ces contreforts, roulant et bondissant du haut de la montagne en même temps que des torrents d'eau et de boue, qui ont enseveli sous leur masse Pompéia et les villes qui partagèrent son sort.

Pendant une longue série de siècles, Pompéia resta, pour ainsi dire, ignorée. Ceux de ses habitants qui avaient survécu au désastre revinrent bien pratiquer des fouilles pour es-

sayer de pénétrer dans leurs demeures afin d'en arracher
ce qu'ils y avaient laissé de plus précieux : dans la suite,
des paysans cupides, mus uniquement par l'espoir de
trouver des trésors, creusèrent des puits, et, brisant les
toits qu'ils rencontrèrent à une légère profondeur, dévas-
tèrent quelques habitations. Mais toutes ces tentatives isolées n'eurent au fond d'autre résultat que de faire disparaître à jamais des richesses scientifiques du plus haut
intérêt.

Ce ne fut qu'en 1748 que le roi Charles III ordonna
qu'on fît des fouilles et qu'on déblayât avec méthode et
précaution la ville de Pompéia. Ce travail, entrepris depuis
bientôt cent cinquante ans, se continue encore, et déjà
vingt-quatre rues (le cinquième environ de la cité) reçoivent la lumière après dix-huit siècles d'enfouissement.

A mesure qu'on met une maison à jour, on en enlève
les meubles, les statues, qu'on transporte au musée de
Naples. L'enlèvement de tous ces objets a fourni à Cha-
teaubriand le sujet d'une belle page et de réflexions d'une
grande justesse.

« En parcourant cette cité des morts, dit-il, une idée
me poursuivait. A mesure que l'on déchausse quelque
édifice à Pompéia, on enlève ce que donne la fouille.
Ustensiles de ménage, instruments de divers métiers,
meubles, statues, manuscrits, on entasse tout dans le
musée. Il y aurait, selon moi, quelque chose de mieux
à faire : ce serait de laisser les choses dans l'endroit où
on les trouve, et comme on les trouve, de remettre des
toits, des plafonds, des planchers et des fenêtres, pour
empêcher la dégradation des peintures et des murs ; de
clore les portes, enfin d'y établir une garde de soldats avec
quelques savants versés dans les arts. Ne serait-ce pas le
plus merveilleux musée de la terre? Une ville romaine
tout entière, conservée comme si ses habitants venaient
d'en sortir un quart d'heure auparavant ! On apprendrait
mieux l'histoire domestique des Romains, l'état de la civilisation romaine, dans quelques promenades à Pompéia

restaurée, que par la lecture de tous les ouvrages de l'antiquité.

« Ce qu'on fait aujourd'hui me semble funeste. Ravies à leurs places naturelles, les curiosités les plus rares s'ensevelissent dans des cabinets où elles ne sont plus en rapport avec les objets environnants; d'autre part les édifices découverts à Pompéia tomberont bientôt : les cendrés qui les ont engloutis les ont conservés, et ils périront à l'air si on ne les entretient, si on ne les répare. »

II

TREMBLEMENT DE TERRE EN SICILE, DESTRUCTION DE CATANE

(1169, 1693)

Aucune contrée, si l'on excepte le Pérou, n'a été aussi fréquemment bouleversée par les tremblements de terre que la Sicile. Celui de 1169 coûta la vie à quinze mille personnes. Celui de 1553, moins funeste aux habitants, causa de plus grands désastres matériels. En 1669, l'Etna vomit un véritable fleuve de lave brûlante, large de cinq kilomètres, qui, glissant sur les flancs du volcan, se dirigea vers Catane, dont il atteignit bientôt les murailles.

Ses remparts, qui avaient vingt mètres de hauteur sur une épaisseur proportionnelle, n'offrirent qu'un obstacle insignifiant au torrent des matières incandescentes. Les murailles furent effacées; le courant de lave pénétra dans la ville et s'écoula dans la mer, où il forma un môle énorme qui subsiste encore aujourd'hui.

Mais la plus terrible des commotions souterraines qui agitèrent la Sicile fut celle de 1693. Soixante bourgs ou villages de Val de Noto furent détruits. En moins de quelques secondes, soixante mille personnes, dont seize mille

pour Catane seulement, périrent écrasées sous les décombres des habitations ou sous d'énormes quartiers de
roc roulant du haut des montagnes. Beaucoup aussi furent
englouties dans des gouffres qui s'ouvrirent tout à coup
sous leurs pieds.

A Catane il ne resta pas pierre sur pierre. Ce désastre
commença le 9 janvier; onze mille personnes s'étaient réfugiées dans la cathédrale pour implorer la miséricorde
divine, lorsque la nef entière de l'édifice s'affaissa sur
elles. Deux chapelles latérales et une partie de la voûte
qui s'élevait au-dessus du maître-autel résistèrent seules à
la secousse. Il n'y eut donc d'épargnés que l'officant et
ses assistants placés sur les marches de l'autel, et les
fidèles réunis dans les deux chapelles latérales.

III

INONDATIONS EN HOLLANDE

(1170, 1219, 1251, 1277, 1282, 1337, 1395, 1421, 1530, 1809, 1825)

Le sol de la Hollande, presque partout plat ou déprimé,
est en maints endroits moins élevé que l'Océan qui l'envi-
ronne. Il y a des provinces entières où, au moment de la
pleine mer, la différence de niveau entre les champs et
l'Océan est de plusieurs mètres.

Nous regrettons que l'espace nous manque pour entrer
dans quelques détails sur les immenses travaux entrepris
par les Hollandais non seulement pour protéger leur pays
contre les envahissements de l'eau, mais afin de conquérir
sur la mer de vastes terrains qui, mis en culture, deviennent au bout d'un certain temps d'une haute fertilité.
Nous pourrions citer telle grande ferme près de l'embou-

chure de l'Escaut sur laquelle, il y a quatre-vingts ans à peine, les bateaux naviguaient, et où les pêcheurs de Flessingue venaient tendre leurs filets.

On comprend que, malgré la perfection des ouvrages d'art, digues, écluses, brise-lames, machines d'épuisement, etc.; que, malgré le soin admirable avec lequel ils sont entretenus, il est fréquemment arrivé, par suite d'un ouragan ou d'une tempête occasionnant une marée d'une hauteur extraordinaire, que les digues, rompues ou escaladées par la mer, lui livrassent passage.

Ces catastrophes, toutefois, sont devenues de plus en plus rares, à mesure que l'expérience a montré aux ingénieurs les fautes de leurs devanciers, et que les calculs de la science hydraulique ont acquis plus de précision et de sûreté.

La première inondation dont les annales hollandaises fassent mention eut lieu le 1er novembre 1170. Elle couvrit une étendue considérable de pays, dont elle n'épargna qu'un canton, qui est devenu la petite île de Wieringen, entre le Texel et la Frise.

De 1219 à 1251, la Hollande septentrionale fut sept fois ravagée par des irruptions de la mer du Nord. L'une d'elles détacha du continent le territoire qui forme aujourd'hui l'île de Texel. Toutes les autres petites îles qui, semblables aux fragments d'une ceinture, se succèdent les unes aux autres depuis le Hanovre, en longeant la Frise, jusqu'au Texel, faisaient également partie de la terre ferme. Les historiens hollandais affirment, d'après des documents dignes de confiance, que près de cent quarante mille personnes furent noyées pendant cette période.

En 1277, tout le canton de Reiderland disparut sous les eaux, ainsi que la petite ville de Torum et une cinquantaine de villages et de hameaux. Le golfe de Dollart les remplaça; il a douze kilomètres de large, et s'avance de plus de trente kilomètres dans les terres.

Jusqu'en 1281, la Frise n'était séparée de la Hollande que par le lac Flevo. Cette année, l'océan du Nord, soulevé par une affreuse tourmente, confondit ses eaux avec celles du lac et forma le Zuyderzée, qui couvre une superficie de plus de trente lieues marines. Quarante-quatre villages selon les uns, trente-trois selon les autres, furent engloutis.

En 1337, la mer pratiqua des brèches considérables dans la province de Zélande, et transforma complètement les embouchures de l'Escaut et de la Meuse, qui devinrent de véritables bras de mer entrecoupés de plusieurs îles, dont les plus considérables sont Walcheren, Cadsent, Sud-Beverland et Schouwen.

C'est la grande marée de 1395 qui creusa et élargit le canal entre le Texel et Vlieland de manière à permettre aux navires de fort tonnage d'y passer. Depuis cette époque seulement les grands bâtiments peuvent arriver jusqu'à Amsterdam.

Le 29 novembre 1421, les digues du Brabant septentrional, prises à revers par un débordement du Wahal et de front par la mer, se rompirent. Soixante-douze villages et une population de cent mille âmes se trouvèrent sous les eaux. Un lac, le Bies-Boch, dont on estime la superficie à cent quatre-vingt-douze kilomètres carrés, occupa l'ancien emplacement des villages.

Vingt-cinq années plus tard on commençait déjà les travaux pour reprendre à la mer et rendre à l'agriculture les terres envahies. Ces travaux, poussés avec la patience et l'énergie hollandaises, ont été couronnés d'un plein succès. Aujourd'hui le Bies-Boch n'existe plus : il a été transformé en riches et gras pâturages et en terres à blé de première classe.

La mer de Harlem, qui avait vingt kilomètres de long sur douze kilomètres de large, fut également le résultat d'une inondation en 1530. Après une série de désastres qui continuèrent jusqu'en 1836, une compagnie résolut de rendre à l'agriculture les dix-huit mille deux cents hectares qui formaient la superficie de cette mer. En trente-neuf mois, des machines puissantes ont pompé toute l'eau, et le lac desséché est couvert aujourd'hui de la plus riche végétation.

En 1809, le 12 janvier, la province de Gueldre éprouva des pertes immenses. Pannerden, Horen, Hardt, Lowers, Westerwoord et la moitié de la ville de Doesbourg étaient sous les eaux. Ce qui donna un caractère tout particulier à cette inondation, c'est l'énorme quantité de glaçons que charriaient les eaux. Ils s'amoncelèrent en quelques endroits à une hauteur prodigieuse; ailleurs ils frappaient les digues comme des béliers, et sans l'admirable construction de ces remparts ils eussent tous été détruits.

Le 5 février 1825, la ville d'Amsterdam se vit sur le point d'être engloutie avec toutes ses richesses. Un coup de vent du nord-ouest, qui durait depuis trois jours, avait tellement refoulé les eaux dans le Zuyderzée que la grande marée du 5 devait infailliblement s'élever au-dessus de tous les travaux qui protégeaient la ville. Déjà, une heure avant la pleine mer, l'eau effleurait la crête des digues, et elle devait encore monter pendant une heure! Tous les hommes compétents regardaient Amsterdam comme perdue, lorsqu'une brusque saute de vent contraria l'action du flux et sauva la ville. Mais, une digue ayant été emportée à Burgedam, la mer avait envahi la Nord-Hollande et couvrit un tiers de cette province. Cette inondation toutefois ne fut que temporaire, et les eaux s'écoulèrent presque entièrement avec le jusant.

IV

INONDATION DE LA VALLÉE DE BREGNO

(1512)

Bregno ou Bregna est une riche et fertile vallée de la Suisse italienne. Elle est arrosée par une rivière qui lui a donné son nom. Cette rivière descend des montagnes du pays des Grisons et va se jeter dans le Tessin, auprès de la ville de Bellinzona.

En 1512, un éboulement considérable fut bientôt suivi par la chute d'une montagne, dont les débris formèrent une espèce de digue qui s'étendait en travers de la vallée de Bregno. Ce barrage, d'une hauteur formidable, en fermant cette vallée profondément encaissée, opposa naturellement un obstacle infranchissable aux eaux de la rivière, qui s'accumulèrent dans la partie supérieure et ne tardèrent pas à la transformer en un lac.

Les habitants, au lieu de travailler à ouvrir aux eaux de Bregno une issue qu'elles n'auraient pas tardé à aggrandir, se contentèrent d'abandonner leurs maisons, menacées d'une inondation imminente, ne songèrent qu'à mettre en sûreté leurs personnes, leurs meubles et leurs troupeaux, et se réfugièrent sur les pentes qui encadraient la vallée. De là ils suivirent stoïquement les progrès du lac formé par la Bregno. Celui-ci, sans cesse alimenté et grossi par les eaux de la rivière qui s'y déversait, croissait rapidement en étendue et en profondeur. Ils virent donc disparaître d'abord leurs étables, puis leurs maisons, puis leur église, dont la flèche s'éleva au-dessus du lac.

Ce qui paraîtra presque incompréhensible aujourd'hui, c'est que les choses restèrent dans cet état pendant deux années entières. Ni ceux que l'inondation avait ruinés, ni les habitants de la vallée située au-dessous de la digue, que menaçait une énorme masse d'eau suspendue au-dessus de leurs têtes, n'entreprirent aucun travail, les uns pour rentrer en possession de leurs champs, les autres pour conjurer un danger toujours imminent. Les autorités locales, le gouvernement, ne s'émurent pas plus que les intéressés directs.

Cette inconcevable apathie, cette funeste sécurité coûta cher aux derniers. Le lac, dont les eaux minaient sourdement, mais sans relâche, les débris de la montagne qui les emprisonnait, démesurément grossi par une crue de la Bregno, exerça enfin une telle pression contre l'obstacle, que, malgré la masse de ce dernier, il fit une trouée, et se lança dans la partie inférieure de la vallée avec une violence irrésistible. L'effet de ce volume d'eau, d'une épaisseur moyenne de vingt mètres environ sur cinq cents mètres de superficie, se précipitant comme une avalanche et entraînant avec lui la digue elle-même, n'a rien qui puisse lui être comparé. Non seulement la partie de la vallée de Bregno située en aval du lac fut ravagée, mais toutes les vallées inférieures jusqu'au Tessin subirent le même sort. Villages, hameaux, maisons isolées, arbres, bestiaux, habitants, tout fut balayé par le torrent. En plusieurs endroits la terre fut même ravinée jusqu'au roc, qui resta à nu ; en sorte qu'à la place de champs fertiles on ne retrouva plus qu'une surface impropre à toute culture.

Le peu de largeur de la vallée et les pentes abordables qui venaient s'y relier à droite et à gauche permirent heureusement à un grand nombre de personnes, averties par le mugissement des eaux, de trouver à temps un abri.

Le nombre des victimes ne s'éleva qu'à six cents individus environ, chiffre peu considérable en le comparant au désastre matériel et à l'étendue du pays ravagé. On remarqua qu'aucune des personnes surprises par les eaux n'échappa à la mort : tout ce que le torrent saisit fut enlevé. Des quartiers de roc semblaient flotter et glisser sur les eaux, tant était grande la force d'impulsion.

Le Tessin lui-même, subitement grossi par ce tribut instantané, renversa une partie des murailles de Bellinzona et causa de grands dégâts dans la ville. Il sortit de son lit d'une manière si soudaine, qu'un détachement de soldats suisses qui côtoyaient ses bords en se rendant dans le Milanais, périt tout entier.

V

ENSEVELISSEMENT DU BOURG DE PLEÙRS

(1618)

Dans le comté de Chiavenne, qui en 1618 appartenait aux Grisons et qui fait aujourd'hui partie du royaume lombard-vénitien, se trouvait un gros bourg nommé Pleurs. Il était cité dans tout le comté par la salubrité de son climat, l'industrie de ses habitants, la coquetterie et la régularité de ses maisons, dont quelques-unes, bâties par de riches marchands, pouvaient passer pour de véritables palais. Beaucoup de gentilshommes milanais avaient pris l'habitude de venir y passer la belle saison, et possédaient à une petite distance du bourg, sur le penchant des collines qui l'entouraient, de charmantes villas, des jardins, des vergers, des ombrages touffus, sous lesquels ils bravaient les chaleurs de l'été.

Pleurs était donc un lieu où les habitants menaient gaiement de front les plaisirs et les affaires. Ils devaient cet avantage à la fertilité de leur sol et à la position de leur bourg, position qui l'avait naturellement rendu l'entrepôt des échanges entre l'Italie et l'Allemagne. Le commerce de la soie était une des principales causes de la richesse et de la prospérité de Pleurs, parce que ses marchands réalisaient sur cet article des bénéfices énormes.

Telle était, le 30 août 1618, la situation du bourg de Pleurs, dont la population fixe et flottante s'élevait à deux mille personnes environ [1].

Depuis plusieurs jours des bergers, en menant paître leurs troupeaux sur les flancs du Conto (haute montagne qui dominait la vallée de Pleurs), avaient remarqué, non sans étonnement, que les bêtes confiées à leur garde paraissaient en proie à une vive inquiétude dès qu'elles approchaient de la partie de la montagne faisant face au bourg, et refusaient d'y paître. Ils avaient également remarqué de larges crevasses nouvellement ouvertes dans le sol, et l'un d'entre eux affirmait avoir senti sous ses pieds une espèce de frémissement dans l'intérieur de la montagne, frémissement qu'il comparait au tassement qui se produit, dans un monceau de pierres sur lequel on marche.

Les bergers, en revenant le soir au bourg, racontèrent à qui voulut les entendre les observations qu'ils avaient faites ; mais on n'y attacha aucune importance, et l'on se moqua d'eux.

Enfin, quelques heures seulement avant la catastrophe, « un bourgeois de la ville alla criant par toutes les rues qu'on eût à se retirer, et qu'il avait vu la montagne se fendre. On se moqua de ce qu'il disait, et on le laissa s'éloigner en hâte, sans que personne voulût suivre son exemple [2]. »

Le péril cependant n'était que trop réel. Un énorme fragment du Conto se détache et écrase un hameau placé au pied de la montagne. Le bruit que produit cet éboulement glace d'épouvante les habitants de Pleurs. Ils courent, éperdus, les uns d'un côté, les autres de l'autre, sans savoir où ils vont. Tous ceux qui passent devant l'église y entrent et crient miséricorde ; mais leur dernière heure allait sonner.

---

[1] Un ancien voyageur, Burdet, dit trois mille, mais il exagère.
[2] Burdet, déjà cité.

La cime du Conto rentre dans les flancs de la montagne, ses flancs se crèvent, et toute la masse, glissant sur sa base, vient tomber sur le bourg de Pleurs, qu'elle engloutit avec tous ses habitants.

Un seul fait donnera l'idée de l'incalculable puissance dont était animée cette avalanche de terre et de rochers. En roulant vers Pleurs, elle poussa devant elle non seulement une forêt, mais deux collines, qu'elle nivela complètement.

L'ancien emplacement de Pleurs est aujourd'hui un étang fangeux. Nulle part on n'aperçoit le moindre vestige qui puisse révéler au voyageur que le sol qu'il foule sous ses pieds recèle dans son sein les ruines d'un bourg riche et industrieux.

Dès que la nouvelle du désastre fut parvenue à Chiavenne, les autorités du comté se rendirent sur les lieux et ordonnèrent des fouilles. Elles furent commencées, mais elles ne produisirent aucun résultat. On dut les abandonner après avoir creusé une espèce de puits qui, malgré sa grande profondeur, atteignait à peine les décombres de Pleurs.

VI

TREMBLEMENT DE TERRE AU CANADA

(1662-1663)

Le père Charlevoix nous a laissé une relation détaillée des phénomènes météorologiques et géologiques qui se manifestèrent au Canada en 1662-1663[1]. Il nous a paru intéressant de donner ici cette relation, écrite à une époque où la science n'était pas encore parvenue à expliquer ces terribles

[1] *Lettres édifiantes et curieuses.*

phénomènes, qui impressionnaient d'autant plus vivement les imaginations, que la cause en était à peu près inconnue, et qu'entrevus à travers le verre grossissant de la peur et de l'ignorance, ils prenaient souvent un caractère étrange, fantastique. Quand, en lisant le récit du père Charlevoix, on arrive au passage où il déclare qu'à sa connaissance personne ne périt, on se sent involontairement porté à comparer les faits qu'il raconte avec cette dernière assertion, et l'on ne comprend plus comment d'aussi terribles commotions, comment un pareil bouleversement a pu ne pas coûter la vie à un seul individu.

« Pendant l'automne de 1662, on vit voler dans l'air quantité de feux sous différentes figures, toutes assez bizarres[1]. Sur Québec et sur Montréal il parut une nuit un globe de feu qui jetait un grand éclat, avec cette différence qu'à Montréal il semblait s'être détaché de la lune, qu'il fut accompagné d'un bruit semblable à celui d'une volée de coups de canons, et que, après s'être promené dans l'air l'espace d'environ trois lieues, il alla se perdre derrière la montagne d'où l'île a pris son nom ; au lieu qu'à Québec il ne fit que passer et n'eut rien de particulier.

« Le 7 janvier de l'année suivante, une vapeur presque imperceptible s'éleva du fleuve, et, frappée des premiers rayons du soleil, devint presque transparente, de sorte néanmoins qu'elle avait assez de corps pour soutenir deux parhélies qui parurent aux deux côtés de cet astre. Ainsi on vit en même temps comme trois soleils rangés sur une ligne parallèle à l'horizon, éloignés les uns des autres de quelques toises, et chacun avec son iris, dont les couleurs variaient à chaque instant, et tantôt étaient semblables à celles de l'arc-en-ciel, et tantôt d'un blanc lumineux. Ce spectacle dura deux heures entières ; il recommença le 14, mais ce soir-là il fut moins éclatant.

« Alors on fut extrêmement surpris de voir que tous les

---

[1] Le père Charlevoix veut probablement parler des phénomènes magnétiques connus sous le nom d'*aurores boréales*.

édifices étaient secoués avec tant de violence, que les toits touchaient presque à terre, tantôt d'un côté, tantôt de l'autre; que les portes s'ouvraient d'elles-mêmes et se refermaient avec un grand fracas; que toutes les cloches sonnaient sans qu'on y touchât; que les pieux des palissades ne faisaient que sautiller; que les murs se fendaient; que les planchers se détachaient et s'écroulaient; que les animaux poussaient des cris et des hurlements effroyables; que la surface de la terre avait un mouvement presque semblable à celui d'une mer agitée; que les arbres s'entrelaçaient les uns dans les autres, et que plusieurs, déracinés, allaient tomber assez loin.

« On entendit ensuite des bruits de toutes sortes : tantôt c'était celui d'une mer en fureur qui franchit ses bornes, tantôt celui que pourrait faire un grand nombre de carrosses qui rouleraient sur le pavé, tantôt le même éclat que feraient des montagnes de rochers et de marbre qui viendraient à s'ouvrir, à se briser. Une poussière épaisse, qui s'éleva en même temps, fut prise pour une fumée, et fit craindre un embrasement universel. Enfin quelques-uns s'imaginèrent avoir entendu des cris de sauvages, et se persuadèrent que les Iroquois venaient de toutes parts fondre sur la colonie.

« L'effroi était si grand et si général, que non seulement les hommes, mais les animaux mêmes paraissaient comme frappés de la foudre. On n'entendait partout que cris et lamentations. On courait de tous côtés sans savoir où l'on voulait aller, et quelque part que l'on allât on rencontrait ce que l'on fuyait. Les campagnes n'offraient que des précipices, et l'on s'attendait à tous moments à en voir ouvrir de nouveaux sous ses pieds. Des montagnes entières se déracinèrent, et allèrent se placer ailleurs. Quelques-unes se trouvèrent au milieu des fleuves, dont elles arrêtèrent le cours; d'autres s'abîmèrent si profondément, qu'on ne voyait pas même la cime des arbres dont elles étaient couvertes.

« Il y eut des arbres qui s'élancèrent en l'air avec autant de raideur que si une mine eût joué sous leurs racines; on en trouva qui s'étaient replantés par la tête. On ne se croyait pas plus en sûreté sur l'eau que sur la terre. Les glaces qui couvraient le fleuve Saint-Laurent et ses affluents se fracassèrent en s'entre-choquant. De gros glaçons furent lancés en l'air, et de l'endroit qu'ils avaient quitté on vit jaillir quantité de sable et de limon. Plusieurs fontaines et petites rivières furent desséchées ; en d'autres lieux, les eaux se trouvèrent ensoufrées ; il y en eut qui disparurent si complètement, qu'on ne put plus reconnaître le lieu où elles avaient coulé.

« Ici les eaux devenaient rouges, là elles paraissaient jaunes ; celles du fleuve furent toutes blanches depuis Québec jusqu'à Tadoussac, c'est-à-dire l'espace de trente lieues. L'air eut aussi ses phénomènes. On y voyait *ou l'on s'y figurait* des spectres ou des fantômes de feu portant en main des flambeaux. Il y paraissait des flammes qui, prenant toutes sortes de figures, les unes de piques, les autres de lances et de brandons allumés, tombaient sous les toits sans y mettre le feu.

« De temps en temps des voix plaintives augmentaient la terreur : des marsouins et des vaches marines furent entendus mugir dans les trois rivières, où jamais aucun de ces animaux n'avait paru ; et ces mugissements n'avaient rien de semblable à ceux d'aucun animal connu.

« En un mot, dans toute l'étendue de trois cents lieues de l'orient à l'occident, et de plus de cent cinquante du midi au septentrion, la terre, les fleuves et les rivages de la mer furent assez longtemps, mais par intervalles, dans cette agitation que le prophète-roi nous représente lorsqu'il nous raconte les merveilles qui accompagnèrent la sortie d'Égypte du peuple d'Israël. Les effets de ce tremblement de terre furent variés à l'infini, et jamais peut-être on n'eut plus de raison de croire que la nature se détruisait et que le monde allait finir.

« La première secousse dura une demi-heure sans presque discontinuer ; mais au bout d'un quart d'heure elle avait commencé à se ralentir. Le même jour, sur les huit heures du soir, il y en eut une aussi violente que la première, et dans l'espace d'une demi-heure il y en eut deux autres.

Les glaces qui couvraient le fleuve Saint-Laurent et ses affluents se fracassèrent en s'entre-choquant.

Quelques-uns en comptèrent la nuit suivante jusqu'à trente-deux, dont plusieurs furent très fortes : peut-être que l'horreur de la nuit et le trouble où l'on était les multiplièrent et les firent paraître plus considérables qu'elles ne l'étaient. Dans les intervalles même des secousses, on était sur terre comme sur un vaisseau à l'ancre ; *ce qui pouvait être l'effet d'une imagination effrayée.* Ce qu'il y a de certain, c'est que beaucoup de personnes ressentirent ces soulèvements de cœur et d'estomac et ces tournoiements de tête que l'on éprouve sur mer lorsqu'on n'est pas accoutumé à cet élément.

« Le lendemain, vers les trois heures du matin, il y eut une rude secousse qui dura longtemps. A Tadoussac il plut de la cendre pendant six heures ; dans un autre endroit, des Indiens sortis de leurs cabanes au commencement de ces agitations, et voulant y revenir, ne trouvèrent plus à la place des huttes qu'une mare d'eau.

« A moitié chemin de Tadoussac à Québec, deux montagnes s'aplatirent, et des terres qui s'en étaient éboulées se forma une pointe qui avançait d'un demi-quart de lieue dans le fleuve. Deux Français qui venaient de Gaspe dans une chaloupe ne s'aperçurent de rien jusqu'à ce qu'ils fussent arrivés vis-à-vis de Sagenay : alors, quoiqu'il ne fît pas de vent, leur chaloupe commença à être aussi agitée que sur la mer la plus orageuse. Ne comprenant point d'où pouvait venir une chose aussi singulière, ils jetèrent les yeux du côté de la terre, et ils aperçurent une montagne qui, selon l'expression du prophète, bondissait comme un bélier, puis qui tournoya quelque temps, agitée d'un mouvement de tourbillon, et, s'abaissant enfin, disparut entièrement. Un navire qui suivait cette chaloupe ne fut pas moins tourmenté. Les matelots les plus assurés ne pouvaient y rester debout sans se tenir à quelque chose, comme il arrive dans les plus forts roulis ; et le capitaine ayant fait jeter une ancre, le câble cassa.

« Assez près de Québec, un feu d'une bonne lieue d'étendue parut en plein jour, venant du nord, traversa le fleuve et alla disparaître sur l'île d'Orléans. Vis-à-vis du cap Tourmente, il y eut de si grands torrents d'eau qui s'élançaient du haut des montagnes, que tout ce qu'ils rencontrèrent fut emporté, et en cet endroit-là même et au-dessus de Québec le fleuve se détourna : une partie de son lit demeura à sec, et ses bords les plus élevés s'affaissèrent en quelques endroits jusqu'au niveau de l'eau, qui resta près de trois mois fort boueuse et de couleur de soufre.

« La Nouvelle-Angleterre et la Nouvelle-Belgique ne furent guère plus épargnées que le pays français. Dans toute cette vaste étendue de terres et de rivières, hors le temps des grandes secousses, on sentait un mouvement de pouls intermittent avec des redoublements inégaux qui commençaient partout à la même heure. Les secousses étaient tantôt précipitées par élancement, tantôt ce n'était qu'une espèce de balancement plus ou moins fort; quelquefois elles étaient fort brusques ; d'autres fois elles croissaient par degrés, et aucune ne finissait sans avoir produit quelque effet sensible. Où l'on avait vu un rapide, on voyait la rivière couler tranquillement et sans obstacle; ailleurs c'était tout le contraire : des rochers étaient venus se placer au milieu d'une rivière dont le cours paisible n'était auparavant retardé par aucun obstacle. Un homme marchant à travers la campagne voyait tout à coup la terre s'entr'ouvrir devant lui ; il fuyait, et les crevasses semblaient le poursuivre. L'agitation était ordinairement moindre sur les montagnes ; mais on y entendait constamment un affreux tintamarre.

« Le merveilleux fut que dans un si étrange bouleversement, qui dura près de six mois, personne ne périt. Dieu sans doute voulait la conversion des pécheurs, non leur perte : aussi vit-on partout de grandes conversions. Tout firent des revues générales de leur conscience les larmes aux yeux et la componction dans le cœur. Des pécheurs scandaleux renonçaient publiquement aux abominations de leur vie passée ; les ennemis se réconcilièrent, et pendant quelque temps on n'entendit plus parler de l'odieux trafic source de tout le mal. »

L'odieux trafic dont le père Charlevoix parle ici était celui des liqueurs fortes que l'on vendait aux Indiens, et qui servaient en grande partie à leur payer les fourrures qu'ils apportaient.

L'abus que faisaient ces malheureux de ce qu'ils appelaient l'*eau de feu* était, dès cette époque, arrivé à un tel point, que le père Charlevoix prévoyait déjà que la passion immodérée des sauvages pour l'eau-de-vie occasionnerait, dans un temps donné, l'extinction de toutes les races indigènes.

Le sage et judicieux missionnaire ne se trompait pas, et sa prédiction est presque entièrement accomplie.

VII

INCENDIE DE LA VILLE DE LONDRES

(1666)

De tous les incendies qui ravagèrent les grandes cités, aucun ne peut être comparé, sous le rapport du nombre des édifices qu'il dévora et des immenses valeurs qu'il anéantit, à l'incendie qui éclata dans la capitale de l'Angleterre le 3 septembre 1666, un peu avant minuit.

Le feu prit dans la boutique d'un boulanger, et, favorisé par un vent d'est qui soufflait avec violence, il gagna les maisons voisines avec une rapidité effroyable. Une circonstance diversement interprétée, mais admise par tous les partis, qui s'accusèrent mutuellement d'avoir propagé l'incendie, fortuit à son début, paralysa les efforts de ceux qui travaillèrent à l'éteindre d'abord, puis à le circonscrire.

Les robinets des tuyaux qui, partant d'Islington, à deux

milles de Londres, amenaient dans la ville l'eau nécessaire à la consommation des habitants, se trouvèrent fermés au moment de l'incendie. Et non seulement le directeur des eaux ne se trouva pas à son poste, mais il avait emporté les clefs de la chambre dite des robinets, et les clefs ouvrant les robinets eux-mêmes. Ce ne fut qu'après l'avoir cherché longtemps et inutilement, après avoir perdu un temps précieux, qu'on se décida à enfoncer la porte de la salle et à briser les robinets. Il paraît que dans cette opération on endommagea quelques-uns des tuyaux, et qu'ils ne donnèrent pas autant d'eau que s'ils avaient été ouverts naturellement.

De plus, la fermeture des tuyaux avait eu pour résultat de diminuer notablement la quantité d'eau qui se trouvait ordinairement dans les réservoirs dont toutes les maisons de la ville étaient pourvues, réservoirs alimentés, moyennant une redevance municipale, par la machine d'Islington.

On comprend combien ces circonstances durent favoriser les progrès du feu, qui ne trouvait d'ailleurs que trop d'aliments dans une ville bâtie en grande partie en bois et percée de rues étroites et tortueuses.

Un monument élevé à l'endroit même où l'incendie se déclara existe encore aujourd'hui. C'est une colonne cannelée d'ordre dorique, placée sur un piédestal, et dont le sommet, surmonté d'une urne vomissant des flammes, s'élève à environ soixante mètres au-dessus du sol de la rue. L'escalier pratiqué dans l'intérieur de la colonne se compose de trois cent trente et une marches de marbre noir.

Sur la face du piédestal qui regarde le nord, une inscription latine expose les détails de l'incendie, et établit « que l'incendie dura trois jours et trois nuits, qu'il détruisit quatre-vingt-neuf églises ou chapelles, y compris la cathédrale Saint-Paul; — la maison de ville (Guild-Hall); — quantité d'édifices publics, tels que bibliothèques, hôpitaux, collèges, magasins, etc.; — treize mille deux cents maisons; — que la dévastation s'étendait sur quatre cent trente-six acres de surface[1], et que tous les quartiers situés depuis la Tour, en suivant la Tamise jusqu'à l'église du Temple, et depuis la porte du Nord jusqu'au pont de Holborn, avaient été la proie des flammes; — enfin que l'incendie s'arrêta, pour ainsi dire, de lui seul, au moment où l'on avait renoncé à tout espoir de le maîtriser. »

On peut se faire une idée, par ces détails gravés sur un monument destiné à perpétuer le souvenir d'une épouvantable catastrophe, du spectacle que la plus riche cité de l'Europe dut offrir pendant trois jours.

Tous les récits qui nous ont été laissés par des témoins oculaires s'accordent pour signaler la chaleur intense mêlée à une odeur insupportable qui régnait dans les quartiers préservés. Il fallait que cette chaleur fût bien grande, puisque beaucoup de personnes perdirent connaissance et tombèrent comme asphyxiées dans les rues où l'incendie ne se propagea pas. Tous renoncent également à trouver des paroles pour peindre un foyer de plus de dix mille maisons brûlant à la fois, et *dardant jusqu'aux nuages, avec des sifflements affreux, ses dix mille langues de flammes.*

Le pont de Londres était, à cette époque, couvert de constructions, comme la plupart des ponts de ce temps-là. Le feu envahit ces maisons avec tant de rapidité, qu'elles s'allumèrent presque toutes à la fois, et formèrent un arc enflammé qui reliait les deux rives du fleuve. Cet arc, se reflétant, d'un côté dans le ciel, de l'autre dans les eaux, offrait un de ces tableaux fantastiques au delà de la réalité.

« Il serait impossible, dit un historien qui raconte cette catastrophe, de décrire la stupeur et le vertige dont étaient saisis les malheureux habitants. On les voyait courir çà et là en poussant des cris de détresse et de lamentables gémissements. De temps en temps ils s'arrêtaient devant une église ou une tour que la flamme dévorait, et ils se remettaient à fuir quand l'explosion d'un bâtiment que l'on faisait sauter pour arrêter les progrès de l'incendie, les avertissait

---

[1] L'acre anglaise représente un peu moins d'un demi-hectare.

d'un nouveau danger. La plupart de ceux qui s'étaient imaginé que le monde et ses habitants allaient devenir la proie de l'élément destructeur, ne se sentirent un peu rassurés que lorsque le vent chassant les nuages, ainsi que l'épaisse masse de fumée qui planait sur la ville, ils virent la lune, alors dans son plein : elle poursuivait sa course majestueuse avec un calme qui formait un contraste frappant avec la scène de désordre et de désolation dont la cité était alors le théâtre, et, semblable à l'arc-en-ciel montré à Noé après le déluge, elle paraissait annoncer que Dieu ne voulait pas encore détruire le monde. »

L'embrasement de la basilique Saint-Paul, dont la masse entière parut s'enflammer à la fois, fit ressembler son magnifique dôme à une montagne de feu. Les pierres des murs et des voûtes, par l'effet de l'intensité de la chaleur, se fendaient avec des crépitations tellement multipliées, qu'on eût dit une fusillade. Le plomb qui revêtait une partie de sa coupole et celui des gouttières formaient des cascades qui traversaient l'espace comme de larges rubans de feu, tombaient en pétillant sur le pavé et couraient çà et là semblables à des ruisseaux de lave. Le pavé lui-même, tout autour de l'édifice, s'échauffa au point qu'il brûlait les pieds de ceux qui essayaient de traverser la place qui s'étend autour de l'église.

Pendant que l'incendie dévorait la ville de Londres, le fleuve qui la traverse, la Tamise, offrait également une scène de tumulte, de désolation et d'horreur; car bon nombre d'infortunés qui avaient arraché aux flammes ce qu'ils possédaient de plus précieux vinrent périr dans ses eaux.

En effet, ce fut vers la Tamise que se précipita la foule immense que le feu chassait des quartiers embrasés. Cette multitude, qui s'amoncelait sans cesse sur les quais, les ayant bientôt rendus trop étroits pour la contenir, ceux qui se trouvèrent au bord de l'eau s'élancèrent dans tous les navires et dans toutes les embarcations amarrées au rivage. Quand une barque avait reçu autant de monde qu'elle en pouvait contenir, ceux qui la montaient essayaient de la pousser au large ; mais d'autres qui voulaient également y prendre place cherchaient, au contraire, à la retenir. Il en résultait des luttes atroces, qui se terminaient souvent par l'engloutissement du bateau.

D'autres bateaux parvenaient à s'éloigner de terre ; mais comme ils étaient dirigés par des mains inexpérimentées, et généralement chargés outre mesure, le courant les portait les uns contre les autres, et ils chaviraient au moindre choc.

Qu'on se figure les eaux de la Tamise éclairées par les reflets de l'incendie, qui leur donnent une teinte sanglante. Des centaines de barques où s'élèvent des pyramides de meubles, où se pressent plus de passagers qu'elles n'en peuvent porter voguent confusément, se heurtant à chaque instant, s'inclinent et sombrent. Partout les eaux charrient des meubles, des objets de toute espèce, auxquels s'accrochent les naufragés. Çà et là des nageurs luttent contre les flots ou s'épuisent en efforts surhumains pour atteindre une embarcation d'où on les repousse à coups de perches ou de rames. Si l'on ajoute comme complément à ce lugubre tableau les cris qu'arrachent la terreur, la colère, la souffrance, la compassion, les regrets, les tortures morales, à cette multitude composée de personnes de tout sexe et de tout âge, l'imagination reculera épouvantée devant une pareille évocation.

Il paraît d'ailleurs très positif que pendant l'incendie de Londres il périt plus d'habitants par l'eau que par le feu. Ce fait, qui paraît assez étrange, s'est cependant maintes fois produit dans les grands embrasements dont les villes furent le théâtre.

Tout en ce monde, même les plus grandes calamités, peut avoir son bon côté. A dater du grand incendie de 1666, Londres cessa d'être périodiquement ravagée, tantôt par des maladies pestilentielles, tantôt par le feu.

Non seulement, en rebâtissant la ville, on donna plus de largeur et de régularité aux nouvelles rues qui rempla-

cèrent les immenses cloaques que le feu avait détruits,
mais une ordonnance du roi défendit d'élever aucune
construction en bois.

VIII

TREMBLEMENTS DE TERRE AU PÉROU

(1687, 1746, 1797)

On peut dire sans métaphore qu'il se passe rarement un
jour sans que le sol des contrées qui avoisinent la chaîne
des montagnes volcaniques connues sous le nom de Cordil-
lères, remue plus ou moins sur un point ou sur un autre.

Les secousses, très souvent circonscrites dans un espace
assez resserré, sont ordinairement trop faibles pour occa-
sionner des malheurs, mais assez sensibles pour qu'on ne
puisse se méprendre sur leur nature. Avant la conquête des
Espagnols, les peuplades indiennes répandues dans les can-
tons les plus exposés à ce terrible phénomène s'imaginaient
que l'ébranlement du sol provenait de l'impression que les
pas de leur divinité faisaient sur la terre lorsqu'elle descendait du ciel et venait les passer en revue. A la première
secousse, hommes, femmes et enfants s'élançaient hors
de leurs huttes en criant : « Nous voilà ! nous voilà ! »

Parmi les nombreux tremblements de terre observés au
Pérou, et dont la longue nomenclature n'offrirait qu'un mé-
diocre intérêt, nous n'en citerons que trois, qui, par leur
intensité, par les circonstances extraordinaires dont ils
furent accompagnés et par les ravages qu'ils causèrent,
méritent le triste honneur d'occuper quelques pages dans
ce livre.

Le tremblement de terre de 1687 renversa une grande
partie de la ville de Lima ; mais si le désastre matériel fut

immense, peu de personnes perdirent la vie. Les habitants de Lima durent leur salut à ce que la secousse, qui ne laissa debout qu'un très petit nombre de maisons, avait été précédée par une secousse beaucoup moins forte, mais suffisante néanmoins pour chasser tous les habitants hors de chez eux. Comme à Lima les rues sont très larges, les places publiques spacieuses et les maisons peu élevées, la population, agglomérée au milieu des rues et sur les places, assista sans danger à la ruine de la ville.

Le tremblement de terre de 1746 fut beaucoup plus meurtrier : il détruisit la ville de fond en comble, comme celui de 1687 ; et de plus il surprit dans leurs demeures la majeure partie des habitants, qui furent écrasés sous leurs décombres. Un petit nombre seulement eut le temps de se mettre en sûreté dans des endroits découverts.

A la même heure, Callao, port de mer situé à huit kilomètres de Lima, éprouva le même sort et fut changé en un monceau de ruines. Pour compléter son désastre, par suite du mouvement ondulatoire que subit le rivage de la mer, l'Océan se retira à une grande distance de la côte pour revenir bientôt avec une extrême violence. Non seulement il rentra dans son ancien lit, mais ses flots bouillonnants et écumeux franchirent leurs limites habituelles, envahirent la ville tout entière, et engloutirent en passant ceux de ses habitants qui, échappés à la chute des édifices, se croyaient en sûreté sur la grève.

La force qui animait les eaux pendant cette irruption était telle, que Callao fut littéralement rasé, et qu'on ne trouva debout qu'un massif de maçonnerie dépendant du fort de Santa-Cruz.

Vingt-trois bâtiments de différents tonnages se trouvaient dans le port, l'un des plus sûrs de la côte péruvienne. Dix-neuf coulèrent à pic [1] sur leurs ancres, et les quatre

---

[1] Un bâtiment coule à pic sur son ancre lorsque, maintenu par le câble de son ancre, son avant, submergé soit par les vagues, soit par un raz de marée, plonge presque verticalement.

autres, emportés par les eaux, furent laissés à sec au milieu des terres. Parmi ceux-ci se trouvait un navire de guerre.

Tous les autres ports de la côte, et notamment ceux de Cavallo, de Guanapé, eurent à peu près le même sort que Callao. Sur quatre mille personnes dont se composait la population de ce dernier, deux cents seulement furent épargnées, et une vingtaine durent leur salut au massif de maçonnerie dont il a été question plus haut.

Les villes de Chançay et de Gaura, les vallées de la Barama, de Sapé et de Pativilca, souffrirent également des dommages considérables. Dans le voisinage de Lucana, la nuit même où arrivèrent les désordres que nous venons de mentionner, un volcan se forma tout à coup et vomit une énorme quantité d'eau qui ravagea les campagnes environnantes. Et, chose remarquable (attestée par M. de Humboldt sur des preuves irrécusables), les eaux lancées par ce volcan contenaient une multitude de poissons de la même espèce que ceux qui vivent dans les lacs du pays. Ce qui donne un caractère encore plus étrange à ce fait, c'est que ces poissons se trouvaient dans des eaux qui se déversaient à une hauteur de six à sept cents mètres au-dessus de la plaine.

A ce sujet, nous dirons que le volcan d'Embabourou en lança une fois un si grand nombre auprès de la ville d'Ibana, que leur putréfaction occasionna une épidémie. Ces poissons, en tombant, n'étaient aucunement endommagés, et ne paraissaient pas avoir été soumis à une haute température.

Le tremblement de terre de 1797, « l'un des plus terribles événements dont l'histoire physique de notre globe fasse mention[1], » ébranla les provinces de Tacungo, d'Ambato, de Riobamba, d'Alaosie, et partie de celles de Chimbo et de Quito. Ce qui caractérisa surtout la commotion qu'éprouva cette vaste étendue de terrain, ce furent, d'une part, les

---

[1] M. de Humboldt.

bruits étranges qui l'accompagnèrent, et, de l'autre, le complet bouleversement du sol.

Tremblement de terre au Pérou.

On entendit tantôt simultanément, tantôt successivement, dans les entrailles de la terre, des bruissements confus, des roulements saccadés comme les éclats de la foudre. On eût dit parfois un épouvantable cliquetis de chaînes ou le fracas sonore que produiraient des masses de roches vitrifiées [1] qui se briseraient en se heurtant les unes contre les autres.

Près de Riobamba, le sol, en certains endroits, se souleva brusquement, absolument comme s'il eût été miné; des maisons, des hommes, des animaux furent lancés en l'air avec la terre qui les portait. Plusieurs milliers de kilogrammes de poudre, placés à une grande profondeur et faisant explosion, n'eussent pas produit un effet différent.

Le volcan de Macas se fendit par le milieu. Le nombre des montagnes et des collines qui, mises hors d'aplomb par les mouvements du sol, se renversèrent presque tout d'une pièce, fut considérable. La montagne d'Ygulata vomit un fleuve de lave qui couvrit Saint-André, Copalpi et plusieurs bourgades, ainsi que leur territoire. Le mont Lamoya, s'affaissant sur la riche vallée de Saint-Ildefonse, y écrasa plus de mille personnes. Celui de Cuero s'écroula également sur le village de ce nom, et l'anéantit ainsi que tous ses habitants. Enfin celui d'Yatagin, sollicité par le vide immense qui se forma à sa base, et dans lequel le village de Malgro avait disparu avec ses maisons, son église et ses habitants, s'y précipita à son tour et s'y enfonça tout entier. Un lac aux eaux fortement bitumineuses occupe aujourd'hui l'abîme où les débris d'une montagne reposent sur un bourg et une partie de son territoire. La ville de Riobamba eut le même sort que Malgro; ses rues, selon l'expression d'un historien espagnol, devinrent des rivières, et ses places des abîmes.

Dans quelques maisons situées autour de Riobamba, il y eut des transpositions de terrain telles qu'aucun monument historique n'en atteste. Une ferme placée dans une plaine se trouva assise sur un coteau élevé. Au milieu des ruines d'une habitation on découvrit des meubles et des marchandises appartenant à une maison située à plusieurs

---

[1] Les géologues donnent à ces roches le nom d'obsidiennes. C'est un composé de silicate d'alumine et de soude ou de potasse.

centaines de mètres de distance. Trente à quarante mille personnes, d'après l'évaluation de M. de Humboldt, périrent dans le désastre de Riobamba.

La lettre suivante, écrite du lieu même quelques jours après l'événement, peut donner une faible idée de l'affreuse position des survivants :

« Nous voici réunis dans une plaine. Quel spectacle ! les uns ont perdu un bras, les autres une jambe ; ceux-ci pleurent leurs enfants, ceux-là leur père, leur mère, leurs parents, leurs amis. On n'ose approcher de la ville à cause de la putréfaction des cadavres. On ne trouve pas un pain pour un doublon (vingt francs environ); beaucoup de personnes meurent de faim, et d'autres de soif, à cause de la corruption des eaux. Comme si ce n'était pas assez de toutes ces calamités, des voleurs sont accourus et pillent de tous côtés, sans pitié pour les malheureux qui font entendre leurs cris de dessous les ruines. Enfin les Indiens se sont soulevés, et disent fièrement qu'ils ne payeront plus de tribut. »

<hr>

IX

TREMBLEMENT DE TERRE DE LISBONNE

(1755)

Le tremblement de terre de 1755 (qui est généralement désigné sous le nom de tremblement de terre de Lisbonne, parce que ce fut dans cette infortunée cité que les commotions produisirent le plus grand désastre) se fit sentir dans tout notre hémisphère, et même en quelques parties de l'Amérique et de l'Afrique. Le même jour on éprouva des secousses, dit un savant géologue, M. Huot, non seulement en Espagne et en Portugal, mais dans presque toute l'Europe. A Kinsale, en Irlande, l'eau envahit le port, plusieurs vaisseaux pirouettèrent et allèrent tomber sur la place du Marché. L'agitation des lacs, des rivières et des sources fut extraordinaire dans la Grande-Bretagne. Dans le lac Lomond, en Écosse, par exemple, l'eau s'abaissa au-dessous de son niveau ordinaire, et s'éleva ensuite en franchissant les bords. Le terme de son plus grand abaissement et de sa plus grande élévation fut de soixante-seize centimètres. Enfin de légères oscillations se firent sentir en Suède, en Norvège, en Hollande, en France, en Allemagne, en Suisse, en Italie et en Corse. L'une des sources de Néris (France) s'éleva d'un mètre trente centimètres. A Alger et à Fez (en Afrique), l'agitation de la terre fut si violente, que le nombre des victimes fut d'environ dix mille, et que tout le bétail fut englouti ; sur la côte de Tanger, la mer franchit ses limites ordinaires jusqu'à dix fois de suite. A Funchal, dans l'île de Madère, elle s'éleva d'environ seize mètres au-dessus de sa hauteur ordinaire. A Antigoa comme à la Barbade, et dans quelques autres Antilles, on ressentit aussi plusieurs secousses.

Mais à Lisbonne ces secousses furent si violentes, que la première, qui eut lieu à neuf heures vingt minutes du matin, ne laissa que trois mille maisons debout sur les vingt mille qui composaient la cité, et encore, sur ces trois mille maisons et édifices, plus des trois quarts se trouvèrent tellement endommagés et hors d'aplomb, qu'on dut les démolir ou en reprendre les murs en sous-œuvre pour éviter de nouveaux malheurs.

Un recensement fait quelque temps auparavant portait la population de Lisbonne à 270,000 âmes, y compris la population flottante. D'après les calculs les plus modérés, 30,000 individus périrent ou furent mortellement frappés en quelques minutes ; et cependant deux circonstances diminuèrent incontestablement le nombre des victimes. La première, c'est que la catastrophe arriva à une époque de l'année où la plupart de ceux qui possèdent des maisons de campagne les habitent. Or, à Lisbonne, il est peu de personnes appartenant à la classe aisée ou même moyenne qui ne soient propriétaires d'un jardin ou d'une maisonnette situés autour de la ville. Il est clair que tous ceux qui se trouvaient en rase campagne et même dans un bâtiment isolé échappèrent plus facilement au péril que ceux que l'ébranlement ou la chute de leurs maisons chassa dans la rue.

La seconde circonstance, c'est qu'à neuf heures du matin, les grand'messes qui devaient se célébrer ce jour-là (à cause de la fête de la Toussaint) n'étaient pas encore commencées. Si le tremblement de terre se fût fait sentir une heure plus tard, le nombre des morts eût peut-être doublé; car il est constant que presque toutes les personnes qui étaient réunies dans les cent cinquante églises ou chapelles de Lisbonne furent écrasées sous leurs débris. Qu'eût donc été le désastre si les églises eussent été pleines de fidèles comme elles le sont toujours pendant la grand'messe d'une des fêtes les plus solennelles de l'année?

Ce fut à neuf heures vingt minutes du matin, comme nous le disions plus haut, que se produisit la secousse qui changea la grande cité en un amas de ruines. L'effet de cette commotion fut d'autant plus funeste, qu'elle n'avait été précédée ni par le moindre ébranlement du sol, ni même par les signes qui annoncent ordinairement les convulsions souterraines. La secousse ne dura pas dix secondes; un bruit épouvantable la suivit. C'étaient plus de quinze mille édifices, y compris les églises, le palais du roi et la magnifique salle de l'Opéra, qui s'écroulaient à la fois. On peut se faire une idée des roulements, du fracas, des détonations qui durent éclater tout à coup, en prenant pour point de comparaison le bruit retentissant d'un tombereau de pierres que l'on décharge sur le pavé en le basculant.

Nous remplirions un volume si nous voulions citer les faits étranges, incroyables, qui se produisirent immédiatement après la catastrophe, et qui sont consignés dans les nombreuses relations de cet événement, relations dont quelques-unes sont écrites par des témoins oculaires. Ainsi il y eut une maison dont le premier étage descendit d'un bloc dans la rue. Les personnes qui occupaient cet étage se sauvèrent par les fenêtres, qui se trouvaient de plain-pied avec le sol, tandis que les individus du rez-de-chaussée et du second étage périssaient sous les décombres. Quelques femmes qui passaient en courant près d'une église, au moment où la façade se renversait, furent placées de manière à rencontrer dans la façade, qui s'abattit sur elles, un large trou par lequel elles s'échappèrent, et en furent quittes pour escalader la muraille de débris amoncelés qui les avait renfermées sans les blesser sérieusement.

Du reste, l'étonnement, la stupeur dont tous les habitants de Lisbonne qui survécurent aux conséquences de la première secousse furent saisis, ne laissèrent à aucun d'eux sa présence d'esprit. La grande majorité s'élança instinctivement vers les endroits découverts sans regarder derrière soi, sans s'occuper de ses parents ou de ses amis. D'autres restèrent comme pétrifiés et ne bougèrent pas. Près du palais de l'Inquisition, plusieurs personnes qui s'étaient réfugiées au milieu d'une place, où les ruines ne pouvaient les atteindre, virent un homme âgé debout au pied d'une maison dont les murs, mis hors d'aplomb, tombaient pièce à pièce. Cet homme n'avait pas encore été atteint. Vainement les personnes qui étaient au milieu de la place, parfaitement en vue et à portée de le voir, firent-elles signe à ce malheureux de venir les rejoindre ; vainement l'appelèrent-elles à grands cris : il ne remua pas, et fut écrasé après avoir eu dix fois le temps de se mettre à l'abri.

On remarqua que parmi ceux qui échappèrent au désastre, le plus grand nombre occupait les étages supérieurs des maisons. Un petit nombre, au contraire, de ceux qui passaient dans les rues, ou qui sortirent par les portes au moment de la secousse, évita la mort. Il va sans dire qu'il ne s'agit ici que des habitants des quartiers les plus maltraités ; car ceux qui furent surpris sur les places ou dans les maisons que le choc ébranla sans les renverser, se sauvèrent presque tous.

Un fait à noter, c'est que le tremblement de terre ne fut pas également violent dans toutes les parties de la ville. Supposez une ligne imaginaire coupant diagonalement Lisbonne en deux parties inégales. Tout le long de cette ligne l'oscillation du sol atteignit le maximum d'intensité pour décroître graduellement en s'éloignant des deux côtés de cette même ligne.

La secousse coïncida avec l'heure de la marée haute. Comme elle se fit également sentir dans le lit du Tage, ce fleuve, déjà gonflé par le flux, s'éleva brusquement à la hauteur démesurée de douze mètres, et poussa ses flots tumultueux jusqu'au milieu de la ville. Mais ce ne fut qu'une espèce d'épanchement causé par le mouvement général du sol ; car l'eau rentra dans son lit aussi vite qu'elle en avait été chassée, et reprit son niveau ordinaire.

Cette soudaine irruption du fleuve mit, comme on le pense bien, le comble à la consternation des habitants de Lisbonne, qui croyaient déjà n'avoir plus rien à craindre, parce qu'ils avaient échappé à la chute des édifices. Qu'on juge de leur désespoir quand ils virent une mer furieuse rouler vers eux et menacer de les engloutir.

Trois heures environ après le tremblement de terre et la retraite des eaux, un nouvel élément vint étendre ses ravages sur la malheureuse cité, ou plutôt dévorer ses ruines. En effet, l'écroulement des maisons avait naturellement eu pour résultat de mettre les feux allumés dans les cuisines et dans les fabriques en contact avec les matières inflammables, mêlées et confondues dans les débris de toute espèce. Il s'ensuivit des incendies partiels, de peu d'importance d'abord, qui couvèrent sur une multitude de points. Mais au bout de trois heures ces foyers, ayant gagné de proche en proche, déterminèrent un embrasement général, qui, activé par un vent violent, non seulement ne se concentra pas dans les quartiers renversés, mais envahit ceux où la majeure partie des maisons étaient restées debout.

Cet incendie toutefois eut son bon côté ; car s'il multiplia les pertes matérielles, il délivra les survivants de la crainte très fondée que la peste ne vînt à se déclarer par suite de la putréfaction de trente mille cadavres épars sous les décombres, au milieu desquels on n'osait pénétrer sans prendre de grandes précautions à cause des éboulements continuels qui s'y manifestaient. Le feu, en détruisant ces tristes restes, limita le désastre et le maintint dans les proportions qu'il avait prises d'abord.

« Nous sommes encore dans la plus affreuse situation, écrivait un docteur anglais quinze jours après le tremblement de terre. J'ai compté encore vingt-deux secousses depuis la première qui nous a été si funeste. Aussi n'osons-nous pas encore entrer dans les maisons conservées. Nous vivons et nous dormons au grand air : nous n'avons ni tentes, ni vivres, ni vêtements, ni argent. Dans les premiers jours, une once de pain se vendait jusqu'à une livre d'or. Mais depuis que quelques gens déterminés ont osé pénétrer dans la ville, ils nous ont rapporté de plusieurs magasins, qui n'ont heureusement pas été détruits, assez de blé pour ne pas mourir de faim, et l'on s'en procure à un prix raisonnable, vu la circonstance. »

L'auteur de ce fragment de lettre assure que sur trente-huit personnes qui habitaient la maison où il logeait, quatre seulement, lui compris, évitèrent la mort.

Le roi et tous les membres de la famille royale étaient absents de Lisbonne lors de l'événement. Parmi les ministres étrangers, il n'y eut que l'ambassadeur d'Espagne qui fut tué ; celui de France ne perdit pas une seule des personnes attachées à sa maison.

Pour donner une idée des pertes matérielles qu'éprouva Lisbonne, il nous suffira de dire qu'on estima à douze millions de francs la valeur des meubles, bijoux, orfèvrerie et objets d'art détruits ou perdus par la catastrophe ou volés par les malfaiteurs.

Dans le reste du Portugal, ce fut principalement le long de la mer et dans les montagnes que le sol éprouva le plus grand ébranlement. Parmi les villes du littoral, Oporto fut la seule qui n'éprouva que des dégâts insignifiants. Toutes les autres furent fortement maltraitées, quoiqu'à des degrés différents.

A Sétubal, le port entier fut englouti. Les montagnes d'Arabida, d'Estrella, de Marad et de Cintra, qui appartiennent à la principale chaîne du Portugal, furent violemment ébranlées : la plupart d'entre elles s'ouvrirent à leur sommet et se déchirèrent jusque vers leurs bases. Des masses de rochers roulèrent dans les vallées voisines.

« On rapporte que des flammes, qui paraissent avoir été électriques, sortirent de ces montagnes. On ajoute qu'elles étaient accompagnées de fumée. Mais de grands nuages de poussière donnèrent probablement lieu à cette apparence. Un quai nouvellement et solidement construit en marbre s'affaissa tout à coup. Un grand nombre de bateaux et de petits navires attachés près de là, et tous remplis de peuple, furent ensevelis dans un gouffre qui se forma subitement, et qui parut avoir une centaine de brasses de profondeur[1]. »

L'auteur n'indique pas le lieu de cet événement. C'est probablement dans quelque port au sud de Lisbonne.

X

TREMBLEMENT DE TERRE EN CALABRE

(1783)

Vers la fin du siècle dernier, toute la partie méridionale de la péninsule italique fut profondément ébranlée par des tremblements de terre qui se succédèrent presque

---

[1] Huot, *Géologie.*

sans interruption depuis le 5 février 1783 jusque vers le milieu de l'année 1787.

Le médecin Pignataro, qui demeurait à Monte-Leone, y compta, entre ces deux époques, neuf cent quarante-neuf secousses, dont cinquante excessivement fortes.

Durant cette longue période de quatre ans, les tremblements varièrent d'intensité et de lieu ; mais il ne se passa pas un seul jour sans qu'ils se fissent sentir sur un point ou sur un autre du royaume de Naples.

Ce fut surtout le sol de la Calabre ultérieure qui éprouva les plus rudes commotions. « Tout fut bouleversé dans ce malheureux pays : des maisons furent soulevées au-dessus du niveau de la contrée, tandis que d'autres, souvent à peu de distance, s'enfoncèrent plus ou moins ; des édifices de la plus grande solidité furent lézardés de haut en bas ; le sol s'ouvrit de toutes parts... Mais, outre les fentes nombreuses, les gouffres divers qui interceptèrent les eaux en fournirent de nouvelles, leur donnèrent un nouveau cours. Il arriva aussi que des masses de roches tombant en travers des vallées en arrêtèrent les eaux, qui bientôt formèrent des lacs dans la partie supérieure. Or ces eaux accumulées se frayèrent de nouveaux passages, soit en rompant les flancs de la vallée sur d'autres points, soit en élargissant les fissures des montagnes, soit enfin en dégradant l'obstacle qui les avait retenues et le renversant tout ou partie. De là des débâcles épouvantables, des torrents impétueux roulant des quartiers de rocs énormes, dont le ravage devint aussi désastreux que les commotions elles-mêmes, et qui, se creusant de nouveaux lits, élargissant ou approfondissant ceux que les eaux suivaient auparavant, marquèrent leur passage par des débris qu'ils roulaient et déposaient successivement [1]. »

Le pays changea tellement d'aspect, que beaucoup de propriétaires ruraux ne retrouvèrent ou ne reconnurent plus leurs domaines, et que d'autres cherchèrent inutile-

---

[1] Beudant, *Géologie.*

ment les routes, les cours d'eau et les accidents de terrain qui servaient de limites à leurs champs.

Parmi les nombreuses crevasses qui s'ouvrirent, quelques-unes avaient jusqu'à cent cinquante mètres de large et s'étendaient à plus d'un kilomètre; d'autres n'étaient que de longues fissures qu'un homme alerte et vigoureux pouvait facilement franchir.

On y voyait enfin des places où le sol offrait, sur des proportions relativement énormes, l'aspect que présente une vitre brisée par une pierre, c'est-à-dire un trou au milieu et une multitude de fissures divergentes partant du trou central.

Ailleurs ce ne furent que de simples crevasses, mais la couche terrestre se disloqua, pour ainsi dire, des espaces considérables de terrain semblèrent tomber dans les abîmes, entraînant avec eux hommes et maisons, et ces affaissements subits formèrent des gouffres à parois verticales de quatre-vingts à cent mètres de profondeur. Quelquefois il en jaillissait instantanément des torrents d'eau qui se déversaient en dehors; d'autres fois le fond en restait à sec ou se remplissait seulement jusqu'à une certaine hauteur, de manière à former un lac. Plusieurs ruisseaux, rencontrant dans leur cours les crevasses dont nous parlons plus haut, s'y précipitèrent pour n'en plus ressortir.

Quelques-uns de ces gouffres se fermèrent aussi vite qu'ils s'ouvrirent, et près de la ville d'Oppido, des maisons, des magasins, des fermes, avec tout ce qu'ils contenaient d'hommes et d'animaux, furent subitement engloutis dans un abîme qui se referma sur eux sans laisser aucune trace de leur existence.

On exécuta à la hâte des fouilles dans cet endroit, et elles n'amenèrent d'autre résultat que la découverte d'un affreux mélange de débris de toute espèce entremêlés de chairs et d'ossements broyés et méconnaissables.

Le terrain sur lequel le faubourg de la ville de Polistena était bâti glissa tou d'une pièce, parcourut un espace considérable avec les maisons qu'il supportait, et s'arrêta sur les bords d'un ravin.

Du reste, ces exemples d'un déplacement complet de la couche supérieure du sol se reproduisirent ailleurs. Ainsi, près de Laureano, un champ cultivé glissa tout à coup avec les arbres qui y croissaient, et franchit une distance d'un kilomètre. Ce qui rend ce phénomène encore plus curieux, c'est que le champ en question faisait partie d'une plaine parfaitement unie. Ce ne fut donc pas une couche de terrain qui glissa sur une autre couche en vertu de sa pesanteur, mais elle fut soulevée et transportée par une force souterraine.

Dans les environs de Sincinara, une plantation d'oliviers située sur un coteau escarpé fut lancée dans la plaine d'une hauteur de cinquante mètres, et, chose étrange, les arbres souffrirent si peu de ce déplacement, qu'ils donnèrent la même année leur récolte ordinaire.

Grimaldi, qui étudia les effets de ce tremblement de terre, rapporte que sur le territoire de San-Pitis il observa une crevasse de deux kilomètres de longueur sur soixante-quinze centimètres de large, et profonde de huit mètres. Il remarqua aussi que les eaux thermales de Sainte-Euphémie acquirent subitement une augmentation de volume et de température.

Enfin le même savant assure que, près de Cerzulle, des individus engloutis dans une crevasse en furent rejetés vivants avec des colonnes d'eau, par l'effet d'une seconde secousse succédant immédiatement à celle qui avait ouvert la crevasse.

Mais l'épisode le plus dramatique peut-être parmi ceux que le fléau multiplia dans la Calabre, ce fut la mort du prince de Scylla et de la plupart de ceux qui l'accompagnaient. Ce prince, déjà vieux, sentant le sol qui vacillait et se fendait sous ses pas, entendant le bruit des rochers qui s'écroulaient et écrasaient d'un seul coup les habitations, voyant des arbres dont la cime frappait la terre et dont les longues files disparaissaient subitement dans des

crevasses, crut que le pays tout entier allait s'engloutir
dans une convulsion suprême. Il se hâta donc de gagner

Tremblement de terre de la Calabre.

le bord de la mer et s'embarqua sur un navire. Une partie
de la population l'imita, et bientôt une petite flotte, montée par plus de quatorze cents individus de tout âge, s'é-
loigna d'un rivage qu'ils s'attendaient à voir disparaître
d'un moment à l'autre.

3*

Pendant plusieurs heures ils n'eurent qu'à s'applaudir de leur résolution. La mer était bien soumise à un mouvement inaccoutumé, on sentait clairement que la masse liquide cherchait sans cesse son niveau; mais il y avait loin de ces balancements, de ces oscillations, aux brusques et raides secousses qu'on éprouvait à terre.

Vers le milieu de la nuit, la flottille se trouva tout à coup dans le voisinage d'une île qui venait de sortir du sein des flots. Cette île, ils ne l'entrevirent que pendant quelques minutes, car elle rentra aussitôt dans l'abîme. Mais l'engloutissement subit d'une pareille masse, en dérangeant l'équilibre des eaux, leur imprima une agitation indescriptible, et la plupart des navires furent entraînés avec la rapidité de la foudre dans le vide laissé par l'île, avec l'eau qui le combla. Sur quatorze cents personnes, deux cents à peine échappèrent à ce désastre, unique dans les annales de la science.

On voyait encore il y a vingt ans, dans certaines parties de la Calabre et notamment dans la plaine de Rosarno, des espèces de bassins circulaires d'une profondeur variable, et qui semblaient l'ouvrage de la main de l'homme par la régularité de leur forme. Presque tous contenaient de l'eau. Dans les uns, cette eau se trouvait presque au niveau du sol; dans les autres, elle s'élevait beaucoup moins haut : ce qui semblerait prouver que même dans la plaine de Rosarno, où ils sont très rapprochés, il n'existe entre ces bassins aucune communication souterraine.

Mais si ce fut sur le continent, entre les villes d'Oppido et de Soriano, que les convulsions souterraines se firent sentir avec le plus d'énergie, la Sicile, située de l'autre côté du détroit, en ressentit le contre-coup. Plus de la moitié de la ville de Messine fut renversée, et une vingtaine de bourgs furent engloutis. « Le fond de la mer s'abaissa et fut bouleversé en diverses places. Le rivage fut déchiré par des fentes, et tout le long du port de Messine le sol s'inclina vers la mer en s'affaissant subitement de plusieurs décimètres. Tout le promontoire qui en fermait l'entrée fut en un instant englouti [1]. »

Cette inclinaison ou plutôt cet affaissement du quai de Messine fut de trente-cinq centimètres. A Stephano del Losco, le mouvement parut horizontal et tournoyant; deux obélisques placés vis-à-vis de la façade du couvent de Saint-Bruno en fournissent la preuve : leurs piédestaux n'éprouvèrent aucun dérangement; mais les pierres qu'ils supportaient tournèrent sur elles-mêmes et s'écartèrent de manière à présenter un de leurs angles au lieu d'une de leurs faces.

Le tremblement de terre de la Calabre est un de ceux qui ont été le mieux étudiés et qui ont fourni à la science les plus précieuses observations. Cela se comprend facilement lorsqu'on réfléchit qu'il arriva à une époque où les sciences naturelles comptaient déjà de nombreux interprètes, qu'il dura longtemps, et qu'il étendit ses ravages dans un pays situé près du centre des lumières. Tous les phénomènes qui l'accompagnèrent ont été observés et décrits par Vicentino, Grimaldi, Hamilton, et par une commission nommée par l'Académie de Naples. Les faits racontés ci-dessus ont donc un caractère d'authenticité et d'exactitude qui manque souvent au récit des voyageurs racontant des commotions à peu près pareilles, arrivées il y a longtemps et dans des pays peu connus.

[1] Beudant, *Géologie.*

XI

ÉBOULEMENT DU ROSSBERG

(2 septembre 1806)

L'éboulement d'une partie du mont Rossberg est encore si près de nous, que parmi les touristes qui ont visité l'Oberland depuis une vingtaine d'années, il en est peu qui n'aient eu l'occasion de causer avec quelque témoin oculaire de cette terrible catastrophe.

A l'extrémité du lac de Zug, au bourg d'Arth, on trouve une vallée, jadis fertile et populeuse, au milieu de laquelle miroitent les eaux transparentes du petit lac de Lowertz. Cette vallée, où s'élevaient quatre villages, et que tous les voyageurs du siècle dernier dépeignent sous les plus riantes couleurs, a bien changé d'aspect aujourd'hui. Dominée à droite par le Righi, qui projette dans les nuages ses assises de rochers d'un rose violet, où s'entremêlent des flaques d'un vert sombre formées par le noir feuillage des sapins, et à gauche par le Rossberg, montagne décrépite et crevassée, et dont les ruines la couvrent, la vallée de Goldau n'a plus rien à offrir à la curiosité du touriste, si ce n'est le souvenir encore vivant de son désastre.

La chute d'une partie du Rossberg ne fut pas soudaine comme celle du Conto, dont il a été question ailleurs : et c'est ce qui explique le petit nombre de victimes qu'elle fit, eu égard à la population de la vallée. Dès le matin du 2 septembre 1806, on vit des crevasses sillonner les flancs du Rossberg comme l'éclair sillonne le ciel dans un temps d'orage ; quelques-unes de ces crevasses se fermaient après s'être ouvertes. On entendit des bruits étranges qui semblaient sortir des entrailles de la montagne. Tantôt ils ressemblaient à des gémissements prolongés, tantôt à des craquements secs et courts. Tous les troupeaux qui paissaient sur la montagne prirent leur course en beuglant d'une façon lamentable, et les oiseaux eux-mêmes s'envolèrent par bandes vers le Righi.

Ces signes précurseurs d'un éboulement jetèrent la consternation dans la vallée, et beaucoup songèrent à se mettre à l'abri sur les pentes du Righi. Malheureusement le désir de sauver leurs meubles et leurs ustensiles aratoires; l'espoir que tout se terminerait par l'éboulement de quelques rochers et de certaines parties de terrain dont la chute était depuis longtemps prévue, retinrent un grand nombre de personnes dans la vallée. Les habitants des villages de Goldau, de Rhœten, de Bussingen-*Dessous* et de Bussingen-*Dessus* ne commencèrent réellement à émigrer en masse que vers deux heures de l'après-midi, quand ils virent les sources cesser complètement de couler et d'énormes blocs de pierre se dresser au-dessus du sol, par l'effet de la pression qu'exerçait sur eux la terre dans laquelle ils étaient plantés.

A deux heures et demie, le gazon d'un pâturage se fendit en mottes irrégulières, qui se soulevèrent tumultueusement et offrirent une image des flots de la mer. Bientôt des pierres commencèrent à se détacher, les crevasses dont nous avons parlé devinrent des ravins, et d'énormes assises de rochers se penchèrent peu à peu sur le vide; à cinq heures du soir, une étendue de terrain large de trois à quatre kilomètres, qui servait de base au Rossberg, se déroba sous lui, glissant en avant; et aussitôt une tranche de la montagne fondit sur la vallée avec un fracas qui s'entendit à vingt kilomètres à la ronde

La masse qui s'écroula ainsi avait, selon les calculs les plus exacts, trois mille huit cents mètres de largeur, trente-cinq mètres d'épaisseur, et trois cent trente-trois mètres de hauteur.

Rhœten, Goldau et les deux Bussingen disparurent sous les débris, qui couvrent encore près de quatre kilomètres de terrain.

« Les rochers, broyés dans leur chute, dit un voyageur [1], ont labouré profondément le sol et se sont entassés dans un désordre vraiment chaotique. Quelques-uns de ces fragments, pour la plupart de forme cubique, paraissent avoir plus de cent pieds carrés. Quoique cette scène de désolation commence à perdre un peu de sa hideuse nudité (ceci était écrit en 1834), il se passera encore bien des années avant que ces collines de nouvelle formation se soient recouvertes de végétation, et que ces masses de brèche décomposée se dépouillent de leur aspect ruineux. Au reste, ce domaine du chaos et de la mort est déjà partagé par les héritiers des victimes qu'il recouvre. Des barrières de bois divisent en petites portions un sol bouleversé et stérile, d'où s'élèvent les impures exhalaisons des eaux stagnantes, et sur lequel croissent quelques touffes de gazon perdues au milieu des plantes marécageuses. Au moment de mon passage, le ciel était excessivement sombre ; les nuages, balayés par un vent impétueux, s'amoncelaient sur la vallée, le tonnerre grondait au-dessus de ces ruines, où il n'y avait plus rien à détruire. Cela semblait en harmonie avec cette nature désolée ; et pourtant un beau soleil, un ciel serein, eussent fait, je crois, ressortir davantage l'aspect mélancolique de ces lieux, autour desquels tout eût paru brillant de vie et de fraîcheur. »

Quatre cent cinquante-sept personnes périrent dans ce désastre, et plus de quatre mille hectares d'excellentes terres furent ensevelis sous les décombres du Rossberg. « Le mouvement et le bruit, dit le docteur Zag dans sa relation, durèrent environ dix minutes, auxquelles succédèrent le silence et l'immobilité de la mort. Quatorze personnes seulement furent retirées vivantes de dessous les ruines : de ce nombre était une jeune fille dont le salut tient du miracle. Lorsqu'on la questionna sur ce qu'elle avait éprouvé dès qu'il lui avait été possible de recueillir

[1] Le comte Théod. Walsh.

ses esprits, elle répondit : « J'ai cru assister à la fin du
« monde. J'entendis le son d'une cloche (le tocsin que
« l'on sonnait à Arth), et je ne doutai pas que ce ne fût
« celle qui appelait au jugement dernier les vivants et les
« morts. »

Il faut environ deux heures pour traverser l'espace qu'oc-
cupent les rocs entassés et les débris qui ont comblé une
partie du lac de Lowertz. Une chapelle et une auberge in-
diquent la place où fut Goldau. Tous les ans on célèbre
à Arth un service solennel pour le repos des âmes des
victimes de l'éboulement.

Du reste, en parcourant la partie de la vallée de Goldau
qui a été préservée, l'œil scrute avec inquiétude les flancs
du Rossberg, dont l'aspect est loin d'être rassurant. Ses
couches, laissées à nu par l'éboulement de 1806, offrent
çà et là des crevasses grimaçantes ; enfin de longues traî-
nées de pierrailles, des excavations immenses, des tasse-
ments récents, un caractère de vétusté et de décrépitude
dont il est impossible de n'être pas frappé, font présager
de nouvelles catastrophes.

L'éboulement du Rossberg vient d'avoir un pendant
dans un autre canton de la Suisse, à Elm, village situé au
fond de la vallée de la Scruft, à vingt kilomètres de Glaris.

Entouré de pâturages fertiles, Elm est bâti au pied de
montagnes escarpées, éternellement couvertes de neige.
L'une d'elles, le Tschingelberg, formée de couches de
pierres à ardoises dont les carrières couvrent ses flancs,
domine particulièrement le hameau d'Unterthal, dépendant d'Elm.

A la suite des pluies incessantes du mois de septembre
1881, les habitants constatèrent que de larges crevasses
s'étendaient le long de la montagne, et, le vendredi 9 septembre, on put remarquer un mouvement sensible dans
les couches supérieures. Le dimanche suivant, le danger
devenant pressant, une partie des hommes d'Elm se rendirent à Unterthal pour aider les habitants à déménager
leur mobilier. Pendant qu'ils étaient encore à l'ouvrage

le lendemain 12, vers cinq heures et demie du matin, la portion de la montagne appelée le Plattenberg se détacha et recouvrit le hameau d'Unterthal avec tous ses habitants et les hommes venus d'Elm à leur secours.

La masse de rochers et de terre qui couvre le malheureux village d'Unterthal et une partie d'Elm varie entre quinze et vingt-cinq mètres de hauteur. La rivière, arrêtée quelques heures par cette immense barricade, se forma en lac et acheva l'œuvre de destruction ; puis la Scruft, se frayant un nouveau lit, s'échappa avec violence dans la direction du village de Schwanden.

On estime à une centaine environ le nombre des malheureux ensevelis vivants sous cette masse de terre et de rochers ; quelques-uns seulement purent être sauvés grâce aux travaux de déblaiement entrepris.

Les montagnes elles-mêmes, ces colosses de la création, vieillissent et meurent donc aussi ; elles tombent en poussière comme nos monuments !

XII

INCENDIE DE MOSCOU

(1812)

Le plus connu des incendies dont la ville de Moscou fut le théâtre est doublement célèbre : en premier lieu, parce qu'il fut allumé par les ordres de son gouverneur Rostopchin, qui, d'accord avec la noblesse moscovite, sacrifia la ville sainte au salut de l'empire ; en second lieu, parce qu'il fut le point de départ et la cause d'un des plus grands désastres dont l'histoire ait conservé le souvenir.

Moscou, quoique possédant déjà en 1812 de nombreux palais et quantité d'édifices et de maisons solidement bâties en pierre de taille, était cependant en réalité une ville de bois, tant les constructions de ce genre y dominaient. Ses murailles formaient une ceinture non interrompue de vingt-huit kilomètres de développement, et renfermaient des richesses incalculables. Moscou, en effet, était à la fois le séjour favori d'une aristocratie opulente, une ville industrielle et l'entrepôt d'un commerce très étendu [1].

Tout le monde sait qu'une armée commandée par Napoléon en personne pénétra en Russie et s'avança vers Moscou, balayant devant elle les armées russes chaque fois qu'elles essayèrent de fermer aux Français le chemin de leur ancienne capitale.

Le récit de cette fameuse campagne ne saurait entrer dans le cadre que nous nous sommes tracé, et si nous en avons dit quelques mots, c'est qu'ils étaient indispensables pour comprendre la cause de l'incendie de Moscou.

Ce fut par une belle matinée du mois de septembre que les Français y firent leur entrée, tambours et musique en tête.

« A l'aspect de cette immense cité, dit un historien [2], un même sentiment de joie et d'orgueil fit tressaillir nos légions... Elles contemplaient, saisies d'admiration, cette vieille métropole de la Moscovie, moitié orientale, moitié européenne, avec ses huit cents églises, ses mille clochers, sa multitude d'obélisques et ses coupoles dorées reluisant au soleil. »

---

[1] Moscou, par sa position, fut pendant longtemps, et jusqu'au commencement de ce siècle, le point central où affluaient les marchands de l'Europe et de l'Asie pour échanger leurs produits. Si les communications maritimes, en devenant plus nombreuses et plus rapides, ont ouvert d'autres chemins à l'activité commerciale, Moscou, bien loin de perdre à ce nouvel état de choses, y a gagné en donnant un immense essor à la fabrication. Déjà, en 1839, cette industrieuse cité possédait 80,000 métiers, dont 60,000 tissaient des cotonnades, 16,000 des soieries, et 4,000 des étoffes de laine. Le nombre des usines destinées à la teinture, à la fabrication du papier, à celle des produits chimiques, était également considérable. Enfin l'orfèvrerie, le tannage des cuirs, l'ébénisterie, occupaient à elles seules plusieurs milliers d'ouvriers.

[2] M. Gabourd.

Mais bientôt une vague inquiétude remplaça l'enivrement du succès. On s'imagina d'abord que les habitants, pour ne point assister à l'entrée triomphale des Français, s'étaient retirés au fond de leurs maisons, et l'on s'expliquait ainsi la disparition complète de la population. Toute naturelle qu'elle paraissait, cette hypothèse ne rassurait pas l'esprit du soldat, frappé du silence de mort qui régnait dans les rues, et que troublait seul le bruit des fanfares.

L'empereur occupa avec sa garde le Kremlin, cet ancien palais des tzars, et distribua l'armée dans les différents quartiers de la ville. Ce ne fut qu'en s'installant dans les maisons que les soldats acquirent la certitude que les habitants avaient émigré en masse.

Laissons maintenant un témoin oculaire raconter les détails de l'incendie.

« ... Dans la première nuit de notre entrée (celle du 14 au 15 septembre), un globe enflammé s'était abaissé sur le palais du prince Troubetskoi et l'avait embrasé. C'était un signal : aussitôt le feu avait été mis à la Bourse (immense bazar qui servait d'entrepôt au commerce). On avait aperçu des soldats de police russe l'attiser avec des lances goudronnées. Ici des obus perfidement placés venaient d'éclater dans les poêles de plusieurs maisons; ils avaient blessé les militaires qui se pressaient autour. Alors, se retirant dans des quartiers encore debout, ils étaient allés choisir d'autres asiles. Mais, près d'entrer dans ces maisons toutes closes et inhabitées, ils avaient entendu en sortir une faible explosion; elle avait été suivie d'une légère fumée, qui aussitôt était devenue épaisse et noire, puis rougeâtre, puis couleur de feu, et bientôt l'édifice entier s'était abîmé dans un gouffre de feu.

« Tous avaient vu des hommes d'une figure sinistre, couverts de haillons, et des femmes furieuses errer autour de ces flammes et compléter une épouvantable image de l'enfer. Ils parcouraient, ivres de vin et de joie, ces rues embrasées. On les surprenait armés de torches, s'acharnant à propager l'incendie : il fallait abattre leurs mains à coups de sabre pour les forcer à lâcher prise...

« L'embrasement, poursuivant ses ravages, eut bientôt atteint les plus beaux quartiers de la ville. En un instant tous ces palais que nous avions admirés pour l'élégance de leur architecture et la richesse de leur ameublement furent consumés par la violence des flammes. Leurs superbes frontons, décorés de bas-reliefs et de statues, venant à manquer de support, tombaient avec fracas sur les débris de leurs colonnes. Les églises, quoique couvertes en tôle et en plomb, tombaient aussi, et avec elles ces dômes superbes que nous avions vus la veille tout resplendissants d'or et d'argent. Les hôpitaux, où se trouvaient plus de vingt mille blessés ou malades, ne tardèrent pas à être incendiés. Le désastre qui s'ensuivit révoltait l'âme et glaçait d'effroi [1]. Consternés par tant de calamités, nous espérions que les ombres de la nuit en couvriraient l'effrayant tableau. Elles ne servirent qu'à rendre l'incendie plus terrible, et à faire ressortir davantage la violence des flammes : agitées par un vent sec, elles s'élevaient jusqu'au ciel. On apercevait aussi les fusées incendiaires que les malfaiteurs lançaient du haut des clochers ; elles sillonnaient des nuages de fumée, et de loin ressemblaient à des étoiles tombantes.

« Le lendemain, on ne distinguait les endroits où il y avait eu des maisons que par quelques piliers en pierres calcinées et noircies. Le vent, soufflant avec force, formait un mugissement semblable à celui que produit une mer agitée, et faisait tomber sur nous, avec un fracas épouvantable, les énormes lames de tôle qui couvraient les palais. De quelque côté que l'on tournât les yeux, on ne voyait que des ruines ou un océan de flammes. Le feu prenait comme s'il eût été mis par une puissance in-

---

[1] Vingt mille blessés, ramassés sous les murs de Smolensk ou sur les bords de la Moskowa, y étaient entassés, la plupart horriblement mutilés. Pour eux la fuite était impossible. Il fallait rester là, comme dans une redoute, jusqu'à ce qu'on y mourût ! (BERGOUNIOUX.)

visible. Des quartiers immenses s'allumaient, brûlaient et disparaissaient à la fois !

« A travers une épaisse fumée se présentait une longue file de voitures, toutes chargées de butin : forcées par l'encombrement de s'arrêter à chaque pas, on entendait les cris des conducteurs, qui, craignant d'être brûlés, poussaient, en s'efforçant d'avancer, des imprécations épouvantables.

« Le feu prit au Kremlin [1]; Napoléon, maître enfin de ce palais des tzars, s'opiniâtrait à ne pas céder cette conquête, même à l'incendie. Sourd aux sollicitations, car tous ses officiers s'étaient réunis autour de lui, ce ne fut qu'après avoir jugé par lui-même du danger qu'il se décida enfin à fuir. Il descendit rapidement l'escalier du Nord. Mais nous étions assiégés par un océan de flammes. Elles bloquaient toutes les portes de la citadelle, et repoussèrent les premières sorties qui furent tentées. Après quelques tâtonnements, on découvrit à travers les rochers une poterne qui donnait sur la Moskowa. Ce fut par cet étroit passage que Napoléon, ses officiers et sa garde parvinrent à sortir du Kremlin.

« Mais qu'avaient-ils gagné à cette sortie? Plus près de l'incendie, ils ne peuvent ni reculer ni demeurer; comment s'élancer à travers les vagues de cette mer de feu? Ceux qui avaient parcouru la ville, assourdis par la tempête, aveuglés par les cendres, ne pouvaient plus se reconnaître, puisque les rues disparaissaient sous les décombres et dans la fumée.

« Il fallait pourtant se hâter : à chaque instant croissait autour de nous le mugissement des flammes. Une seule rue, étroite, tortueuse et toute brûlante, s'offrait devant nous plutôt comme l'entrée que comme la sortie de cet enfer.

---

[1] Le feu prit à plusieurs reprises au Kremlin; mais un bataillon de la garde impériale parvint toujours à s'en rendre maître et à l'éteindre. La destruction d'une partie du Kremlin fut postérieure à l'incendie. Le maréchal Mortier le fit sauter quand les Français eurent évacué Moscou.

« L'empereur s'élança à pied, sans hésiter, dans ce dangereux passage. Il s'avança à travers le pétillement de ces brasiers, au bruit du craquement et de la chute des poutres brûlantes et des toits de fer ardent qui croulaient autour de lui ; ces débris embarrassaient ses pas. Les flammes qui dévoraient avec un bruissement impétueux les édifices entre lesquels il marchait, dépassant leur faîte, fléchissaient sous le vent et se courbaient sur nos têtes. Nous marchions sur une terre de feu, sous un ciel de feu, entre deux murailles de feu. Une chaleur pénétrante brûlait nos yeux, qu'il fallait cependant tenir ouverts et fixés sur le danger. Un air dévorant, des cendres étincelantes, embrasaient notre respiration, courte, sèche, haletante, et déjà suffoquée par la fumée. Nos mains brûlaient en cherchant à garantir notre figure d'une chaleur insupportable, et en repoussant les flammèches qui couvraient à chaque instant et pénétraient nos vêtements [1]. »

A ce tableau saisissant nous ajouterons quelques détails extraits de différents auteurs.

« A Moscou, dit M. Bergounioux, tous les chiens sont attachés à la porte des hôtels, et en fuyant les habitants en avaient oublié beaucoup. Ces pauvres animaux, qui ne pouvaient reculer devant l'incendie, poussaient des hurlements effroyables. Ces hurlements, le bruit des maisons qui s'écroulaient, le sifflement des flammes, les cris des soldats qui pillaient, les coups de fusils tirés aux incendiaires, le roulement de l'artillerie sur le pavé des rues, puis cette confusion de chefs et de soldats, d'infanterie et de cavalerie, c'était un désordre d'horreur dont aucun champ de bataille, quelque vivement disputé qu'il fût, ne nous avait présenté le tableau.

« En Russie, les classes ignorantes sont jusqu'à ce jour restées convaincues que ce sont les Français qui ont brûlé Moscou, et le gouvernement a cherché lui-même à accréditer cette grossière erreur parmi les populations soumises

[1] Philippe de Ségur.

à ses lois. C'est un de ces mille moyens que la politique met en œuvre pour animer les peuples les uns contre les autres, et perpétuer ces haines internationales qui souvent n'ont d'autre fondement que d'injustes préventions. La destruction de Moscou, dans laquelle nous étions entrés sans résistance, eût été un acte sauvage. Mais les Russes mettant le feu à leur capitale à l'entrée de l'hiver, pour arrêter la marche de notre armée triomphante et creuser son tombeau, cela doit être considéré comme un acte de patriotisme dont la grandeur égale l'étendue du sacrifice. »

XIII

INONDATIONS DE SAINT-PÉTERSBOURG

(1824)

Le 20 novembre 1824, la capitale de l'empire de toutes les Russies, Saint-Pétersbourg, faillit être entièrement submergée et détruite par un débordement de la Néva.

La ville de Saint-Pétersbourg, située au fond oriental du golfe de Finlande, à l'embouchure de la Néva, occupe un terrain bas et marécageux, traversé par des canaux et par différents bras du fleuve.

La petite élévation du sol de la ville au-dessus du niveau des eaux qui l'environnent rend les inondations fréquentes, surtout au printemps, au moment de la débâcle. Mais jamais Saint-Pétersbourg n'avait encore été exposé à une ruine complète comme il le fut en 1824.

Pendant une tempête épouvantable qui bouleversa la mer Baltique, ravagea ses côtes et fit périr une multitude de bâtiments de toute espèce, les eaux de la Néva s'élevèrent à une telle hauteur, qu'elles menacèrent la ville d'une submersion totale.

Voici une espèce de journal inédit, tenu par un voyageur anglais qui se trouvait à Saint-Pétersbourg au moment de l'inondation, et occupait un appartement dans la rue de Newski, l'une des plus belles perspectives de la ville. Le flegme imperturbable avec lequel ce tranquille personnage consigne sur son calepin les divers épisodes d'un épouvantable désastre a quelque chose d'étrange qui étonne et saisit tout à la fois.

« 18 novembre. — Toujours du vent d'ouest. — Il paraît que la mer est très mauvaise dans le golfe. — On parle de trois bâtiments qui se sont perdus corps et biens. — Ce ne sont pas des anglais.

« 18 au soir. — Je viens de faire un tour sur les quais du fleuve ; je n'ai jamais vu la Tamise aussi agitée. Les bateaux amarrés aux quais sont rudement secoués et se heurtent les uns contre les autres. Il y aura beaucoup d'avaries et peut-être pis. Je doute que les ponts de bois puissent eux-mêmes résister.

« 19 novembre. — Pendant toute cette nuit la tempête n'a fait qu'augmenter. Je n'ai pas pu dormir à cause du bruit des rafales. Il faut qu'il y ait du nouveau, car j'ai entendu passer beaucoup de monde dans la rue. On criait, on courait.

« 19 novembre, huit heures du matin. — John, que je viens d'envoyer à la découverte, m'apprend que la Néva gonfle à vue d'œil. Ce n'est pas une marée ordinaire. L'eau affleure déjà les quais, et les vagues déferlent jusqu'au pied des maisons qui les bordent. Qu'est-ce que cela va devenir ?

« J'ai voulu aller voir les progrès de la Néva ; mais j'ai été forcé de regagner mon logis, car l'eau commence à couvrir la rue. — Tous les ponts sont arrachés.

« Depuis que je suis rentré, je n'ai eu que le temps de changer mes vêtements mouillés, et déjà la rue de Newski est une rivière. De ma fenêtre je vois passer des meubles, des tonneaux, des ballots que le torrent entraîne ; tous les rez-de-chaussée sont inondés. Voilà des chevaux que l'on emmène : ils ont de l'eau jusqu'au poitrail. Il y a une heure qu'on aurait dû les mettre en sûreté.

« L'eau monte toujours. Elle s'élève à plus de dix pieds au-dessus du sol de la rue ; que doit-ce être dans les quartiers bas ? Cela mérite la peine d'être vu. Il faut que je me procure une chaloupe.

« Neuf heures du soir. — Quelle rude journée ! Je rentre à moitié mort de froid, de faim et de fatigue. Je ne me coucherai pas avant de rédiger mes notes.

« Je ne me faisais pas une idée d'une grande ville envahie par les eaux.

« Je m'embarquai ce matin dans un canot qui passait sous ma fenêtre. Il était conduit par deux mariniers, qui me reçurent moyennant quelques pièces de monnaie. Ils croyaient que je voulais me sauver dans les quartiers hauts. J'eus beaucoup de peine à leur faire comprendre que je tenais, au contraire, à voir l'inondation. Quand ils m'eurent enfin compris ils refusèrent net de me conduire ; mais je leur promis une guinée, cela les décida.

« Je suis resté sur l'eau jusqu'à ce que la Néva fût à peu près rentrée dans son lit. Cette navigation dans les rues et dans les places publiques, au milieu des débris flottants ou fixes de toute espèce, n'a pas été sans péril ; mais on ne peut bien voir des événements de cette nature-là sans s'exposer un peu. Trois ou quatre fois j'ai couru risque de chavirer : une fois entre autres, parce qu'un cheval qui était à la nage essaya d'embarquer dans le canot. Cette sotte bête parvint, en effet, par un effort désespéré, à saisir dans les plis de ses paturons le bordage de la barque. Celle-ci, surchargée par ce poids énorme et si mal placé, pencha tellement fort, que si mes deux Russes, gaillards très vigoureux, ne fussent pas parvenus, en saisissant chacun une jambe du cheval, à le rejeter dehors, l'embarcation se remplissait et coulait certainement.

« J'eus occasion de repêcher successivement une vingtaine de pauvres diables, les uns à la nage ou accrochés

à des pièces de bois en dérive, les autres qui ne s'étaient
pas réfugiés sur des points assez élevés, et que l'eau menaçait de couvrir. Je me hâtai de m'en débarrasser au premier endroit venu où ils étaient à l'abri de l'inondation.

« Quand les rues ne furent plus navigables par suite de
leur encombrement et de l'abaissement des eaux, je suis
monté sur le dôme de l'église de Notre-Dame-de-Kasan.

« Toutes les campagnes autour de la ville sont dévastées, et à peine reste-t-il çà et là quelques ruines qui at-
testent seules les places où se trouvaient une maison d'été,
un magasin, une fabrique. La plupart sont rasées, et il
ne reste plus trace de leurs jardins, de leurs kiosques, de
leurs clôtures. Toutes les maisons près de Wissili-Ostrow,
et autour de ce qu'on appelle le Port-des-Galères, ont été
emportées. Un homme qui paraît bien informé m'a assuré
que plus de quatre cents bœufs renfermés dans les étables
de la Grande-Boucherie ont été noyés. Cela ne m'a pas
étonné, parce que j'ai vu passer beaucoup de cadavres de
ces animaux à côté de ma barque. On m'a parlé aussi de
grands désastres à la fonderie impériale. Cette calamité
a dû coûter la vie à un nombre considérable de personnes;
on ne pourra savoir cela au juste que dans quelques jours,
car beaucoup d'individus que l'on croyait noyés se retrou-
veront.

« 20 novembre. — Je viens de parcourir les quartiers
qui ont été inondés. L'aspect des rues converties en torrents était beaucoup moins triste que l'aspect qu'elles
offrent aujourd'hui. L'eau cachait ses ravages à mesure
qu'elle les exerçait; mais ce matin l'eau, en se retirant,
a exposé au grand jour les malheurs qu'elle a causés.

« Toutes les îles formées dans l'intérieur de la ville par
les bras de la Néva et par les canaux sont dévastées. La
circulation dans la plupart des rues qui ont été submer-
gées est impossible pour les chariots, les chevaux et les
bœufs, et très difficile même pour les piétons. On y rencontre des amas de débris de toute espèce, enchevêtrés
les uns dans les autres et couverts de vase : j'ai remarqué

un de ces amas dont le noyau s'était formé par une grande
barque du haut de la rivière, qui, charriée entre deux
eaux, avait été arrêtée par un monceau de pierres à
construire et avait barré la rue en venant de travers.
Dans cette barque, couchée sur le flanc, on voyait des
meubles brisés, des ballots de chanvre, un petit chariot
encore attelé de son cheval, un bœuf, et au milieu d'im-
mondices de toute espèce, quantité de crânes et d'ossements humains enlevés aux cimetières, que l'eau avait profondément ravinés.

« L'hôtel de la Bourse, le palais du gouverneur et plusieurs églises ont été mises à la disposition d'une foule de
malheureux qui ne savaient plus où se retirer, et on leur
distribue des rations comme aux soldats.

« Le déblaiement des rues, commencé ce matin, marche
très vite, parce que les capitaines de police mettent en
réquisition et forcent de travailler quiconque n'est pas
noble. »

Ces détails, extraits des notes d'un touriste dont la fibre
sensible ne vibrait pas facilement, impressionnent peut-être
plus qu'un récit chaleureux et dramatique, parce que la
froide nudité de l'exposé laisse toute carrière à l'imagination.

Le long de ces rues inondées on voit les fenêtres garnies
d'une foule haletante, dont les gestes, les cris, les phrases,
échangées de balcon à balcon, expriment mille sentiments
divers que l'effroi domine. Ce sont des plaintes touchantes,
les cris de la pitié, de la tendresse maternelle, de la femme
qui redemande son mari, du fils qui appelle son père, du
négociant qui ne songe qu'à ses magasins et à ses marchandises. Toutes ces voix humaines, mêlées et confondues,
ne forment qu'une clameur confuse à demi couverte par le
mugissement des eaux, roulant hautes et impétueuses dans
la rue, et tombant en cascades dans les rez-de-chaussée
à travers toutes les ouvertures. On voit ce pêle-mêle de
pièces de bois, de barques brisées et de chariots, de fu-
tailles et de meubles, au milieu duquel s'agite un cheval,

un nageur éperdu qui cherche à s'accrocher à la perche qu'on lui tend d'une fenêtre !

D'après les évaluations officielles du gouvernement russe, le nombre des victimes de l'inondation fut porté à cinquante personnes; mais ce chiffre doit rester bien au-dessous de la vérité, si on le compare à l'étendue des quartiers envahis, à la quantité des édifices emportés, à la rapidité de la crue des eaux[1]. Les pertes matérielles furent incalculables, parce qu'elles frappaient sur des valeurs de toute espèce. On cite, entre autres marchandises avariées ou détruites, sept cent mille kilogrammes de sucre, cinq cent mille kilogrammes de farine, et un million de kilogrammes de chanvre.

Malheureusement la situation de Saint-Pétersbourg est telle, qu'il est à peu près impossible de mettre cette capitale complétement à l'abri de malheurs tels que ceux que nous venons de raconter. En établissant sa nouvelle résidence au milieu d'un terrain plat, marécageux, et à peine élevé de quelques mètres au-dessus du niveau normal des eaux environnantes, Pierre le Grand sacrifia tout aux avantages commerciaux. Il fallait être aussi hardi que ce prince pour choisir un pareil lieu, et être doué d'une volonté et d'une persévérance surhumaines pour vaincre les obstacles que la nature opposait à la réalisation de ce gigantesque projet.

XIV

INCENDIE DE SALINS (JURA)

(1825)

La situation toute particulière de la petite ville de Salins au fond d'une gorge étroite, tortueuse et profondément encaissée, explique sinon la fréquence, du moins les

---

[1] M. Huot croit qu'il périt sept à huit mille individus, tant à Saint-Pétersbourg que dans les environs.

vastes proportions des incendies qui l'ont ravagée, et sa destruction presque complète par celui de 1825.

Salins, en effet, ne se compose à proprement parler que d'une seule rue, et il ne saurait en être autrement, puisque les maisons qui bordent cette rue touchent pour la plupart aux pentes qui constituent le vallon dans lequel la ville est assise. Ces pentes, légères d'abord, s'escarpent de plus en plus, et finissent par former des murailles presque à pic, dont la hauteur varie de cinquante à cent mètres. Le mont Poupet, qui domine Salins, a huit cent cinquante mètres d'élévation.

Souvent des tourbillons de vent d'une impétuosité effroyable s'engouffrent dans la grande rue de Salins, qui semble alors devenue la tuyère d'une machine soufflante. On comprend combien doivent être rapides les progrès d'un incendie dans une ville ainsi située, et où le bois joue dans les constructions le principal rôle.

Tel fut celui du 27 juillet 1825. Il réduisit en cendres les deux tiers de la ville, si l'on base ses calculs sur le nombre des maisons brûlées et sur l'emplacement dénudé ; les quatre cinquièmes, si l'on tient compte de l'importance et de la valeur des édifices détruits.

Une lessive faite dans une chambre dont la cheminée était lézardée fut la cause première de la destruction de Salins. Cette cheminée passait par le toit d'un grenier couvert en *tavillons,* suivant la coutume du Jura. Ces tavillons sont de petites planchettes de bois de sapin, que l'on dispose comme on arrange ailleurs les ardoises ou les tuiles. La flamme atteignit les tavillons à travers les crevasses de la cheminée, et ils prirent feu comme des allumettes. Alors le vent, qui soufflait avec une grande force, les emportant tout enflammés sur les maisons voisines, couvertes de la même manière, ce fut bientôt une véritable pluie de feu, et en moins de vingt minutes toutes les toitures de Salins flambaient à la fois.

L'incendie, activé par le vent et par l'excessive sécheresse des matières éminemment combustibles qui lui servaient d'aliment (il n'avait pas plu depuis quarante jours), prit au bout d'une demi-heure de telles proportions, qu'on ne put pas même songer à l'éteindre. On dut se borner à diriger tous les efforts vers la conservation de quelques édifices solidement bâtis en pierre et couverts en tuiles, que l'on réussit à sauver. Quant aux maisons qui brûlaient et dont on n'avait presque rien retiré, tant leur embrasement avait été instantané, il n'était pas même possible d'en approcher, à cause de la chaleur.

Le lendemain, à trois heures de l'après-midi, on était maître du feu, c'est-à-dire qu'on avait préservé une partie du faubourg Maurice et du faubourg des Carmes, le tiers des bâtiments de Salins, l'hôpital, l'hôtel de ville et le collège. Cet heureux résultat avait surtout été dû à ce qu'au lieu de perdre un temps précieux à chercher à éteindre les maisons embrasées ou construites en bois, on avait concentré tous les efforts sur les édifices en pierre, qu'on avait isolés en abattant les baraques qui les environnaient.

A la première nouvelle de l'incendie, toutes les villes voisines envoyèrent leurs pompes, leurs pompiers, qu'accompagnèrent des centaines de gens de cœur. On remarqua surtout la belle conduite d'un détachement de soldats parti de Besançon. Ces hommes, après avoir fait quarante-huit kilomètres presque d'une seule traite, ne prirent pas un instant de repos en arrivant à Salins, et se mirent aussitôt à l'œuvre. Ils avaient été prévenus par la garnison du fort Saint-André, à qui l'on doit la conservation de l'hôpital.

Trois frères de la Doctrine chrétienne donnèrent aussi un magnifique exemple de courage et de dévouement. Comme ils habitaient Salins, ils assistèrent au début de l'incendie ; on les vit pénétrer au milieu des maisons embrasées pour en retirer les habitants, qui, bloqués dans les cours intérieures et entourés par le feu, ne savaient de quel côté fuir pour échapper à une mort affreuse.

On se fera une idée de la violence du vent, qui ne cessa de souffler, en apprenant que des linges à demi consumés et des papiers furent portés jusqu'à dix kilomètres de Salins, et que l'on trouva près de Bletterans, à quarante kilomètres environ du théâtre de l'incendie, un morceau d'un contrat de mariage passé quelques jours auparavant devant un notaire de Salins, et qui se trouvait parmi les papiers de son étude au moment du désastre.

Nous ne pouvons nous empêcher de copier le fragment suivant d'une lettre écrite le 30 juillet, à neuf heures du matin, par une sœur de Charité attachée au service de l'hôpital de Salins, à son père. Cette lettre, d'une noble et touchante simplicité, peint parfaitement la situation de la ville.

« Soyez tranquille, mon cher père, je ne suis pas brûlée, quoique entourée de flammes. Notre maison (l'hôpital) est la seule conservée au centre de la ville. Je ne puis vous exprimer ce que nous avons éprouvé de craintes et d'alarmes depuis mercredi deux heures... Nous nourrissons comme nous pouvons la ville entière, les habitants, les autorités, les soldats, les pompiers.

« J'ai dû prêter une chemise à la femme de notre maire. Notre réfectoire est celui de tout le monde. Nous n'avons plus rien à craindre pour notre maison, seule debout au milieu des ruines qui fument. Nous avons été cernés par le feu pendant plus de deux heures sans qu'on pût nous amener une pompe... Je ne comprends pas que le feu n'ait pas pris à notre hôpital ; c'est certainement un miracle... Que seraient devenus nos malades ?... »

Les pertes de toute nature qu'éprouva Salins s'élevèrent à près de huit millions de francs ; mais nous sommes heureux de constater que la France entière, émue d'une si terrible calamité, vint au secours des habitants, dont plus de dix mille demeuraient sans asile, sans vêtements, sans meubles, sans outils, sans vivres. De toutes parts on organisa des souscriptions. Le gouvernement, le clergé, la magistrature, les artistes, unis dans une même pensée, rivalisèrent de zèle pour soulager une immense infortune. On multiplia les combinaisons les plus ingénieuses pour forcer même les indifférents dans le dernier retranchement de leur égoïsme. Salins ressortit de ses ruines comme par enchantement, et aujourd'hui cette petite ville est plus belle et plus florissante qu'elle ne l'a jamais été.

XV

INCENDIE DE HAMBOURG

(5 mai 1842.)

Hambourg, situé sur la rive nord de l'Elbe, à quatre-vingts kilomètres de la mer, est sans contredit la ville la plus commerçante de tout le continent européen. Elle doit cet avantage à sa situation, au génie de ses habitants et à la solidité de son crédit. Le chiffre des opérations de Hambourg est immense ; car elles embrassent tous les articles que l'Allemagne vend ou achète à l'étranger. Ainsi Hambourg vend par an, à l'Angleterre seule, pour quarante-trois millions de laines, destinées aux manufactures de ce pays, et verse en Allemagne pour environ quatre-vingt-dix millions de sucre, de café et d'épiceries.

Ces détails nous ont semblé indispensables, afin de donner une idée des richesses accumulées à Hambourg, et partant de l'importance de son sinistre.

Ce fut le jeudi 5 mai 1842, entre minuit et une heure du matin, que le feu se déclara dans un magasin d'un fabricant de cigares de la rue dite Deich-Strass. Cet incendie, à son début, ne revêtit aucun symptôme effrayant. A quatre heures du matin, les pompiers se croyaient maîtres du feu, quand un vent impétueux, qui s'éleva avec le jour, raviva l'embrasement, et en dirigea les flammes sur des bâtiments renfermant une grande quantité de camphre et d'alcool. Le feu ne tarda pas à se communiquer à ces matières éminemment combustibles. Il jaillit de ce nouveau foyer une immense colonne ardente qui, s'inclinant par l'effet du vent sur les toits des maisons voisines, propagea l'incendie avec une rapidité sans égale. Vingt minutes plus tard, tout un côté de la rue Deich-Strass, où les constructions en bois dominaient, était en feu.

Alors seulement les habitants des rues voisines, dans un rayon même assez étendu (sous le vent de l'incendie principalement), commencèrent à prendre l'alarme et songèrent à déménager leur mobilier et leurs marchandises. Beaucoup les firent transporter dans l'église Saint-Nicolas, qui devint ainsi une espèce d'entrepôt public ouvert à tous les objets qu'on parvenait à y conduire.

Pendant ce temps-là les autorités et le corps complet des pompiers ne restaient pas inactifs. Il fut résolu qu'on circonscrirait l'incendie, et que pour y parvenir plus sûrement on démolirait une certaine quantité de maisons. Malheureusement on ne fit pas la part du feu assez large, et l'on n'osa pas employer la mine pour opérer plus vite les démolitions ; le feu gagna donc ces maisons avant qu'elles fussent par terre, et poursuivit ainsi sa marche envahissante. On recommença la même opération plus loin, et cette fois on employa simultanément la mine, la pioche et même le canon. Ce remède terrible, mais impérieusement exigé par les progrès de l'incendie, parut réussir, et à deux heures du soir on crut l'avoir cerné d'une façon définitive et en être quitte pour le sacrifice d'une centaine de maisons. Comme d'ailleurs les secours et les pompes mandés par le télégraphe à Altona et aux villes voisines commençaient à arriver, l'espoir rentra dans tous les cœurs, et l'on ne songea plus qu'à disputer au feu la part même qu'on lui avait faite.

Mais vers quatre heures une épaisse fumée enveloppa tout à coup la flèche de l'église Saint-Nicolas, sans qu'on sache encore aujourd'hui d'une manière certaine comment le feu y prit. L'élévation de cette flèche ne permit pas d'y porter de secours assez prompts pour arrêter les progrès de l'incendie, et bientôt le clocher ne fut plus qu'une immense gerbe enflammée, qui, en s'affaissant sur la nef, transforma l'église entière en une fournaise ardente.

Hambourg.

Dès ce moment il ne fut plus possible de prévoir où s'arrêterait l'incendie, qui venait de franchir le cercle dans lequel on croyait l'avoir enfermé; d'ailleurs le vent changeait à chaque instant de direction sans rien perdre de sa violence.

Pendant trois jours et trois nuits, le feu, qu'aucune force humaine ne semblait pouvoir maîtriser, exerça ses ravages dans cette malheureuse cité. Il détruisit quinze cents maisons, la banque, le Bœrsenhalle, l'hôtel de ville, la cathédrale de Saint-Pierre, et quinze autres édifices publics. Cent personnes périrent ou disparurent; on évalua la perte en argent à cent soixante-dix millions de francs.

Sans une pluie abondante qui tomba le 7, la ville entière eût été réduite en cendres. Cette pluie ne sauva cependant aucune des maisons embrasées; mais elle mouilla les toits de celles qui ne l'étaient pas encore, et permit d'alimenter plus activement les pompes. Aussi, dans l'après-midi du 8, devint-on complètement maître du feu.

Nous n'avons pas essayé de décrire le désordre, le tumulte et l'effroi qui régnèrent à Hambourg pendant ces trois mortelles journées. Qu'on se représente la population d'une grande ville disputant au feu ses meubles, ses marchandises, et fuyant les quartiers embrasés; dans toutes les rues un encombrement de chariots de toute espèce, depuis l'élégante calèche jusqu'à la brouette, qui se heurtent, s'accrochent, s'entre-croisent et interceptent la circulation. Plus d'une fois le feu prit à quelques-unes de ces voitures, qui brûlèrent sur place. Souvent les chevaux, effrayés ou atteints par un brandon, se cabraient, s'emportaient et devenaient ingouvernables. Aux abords de la ville, c'était le plus lamentable spectacle qu'on puisse imaginer : meubles, marchandises gisaient pêle-mêle au milieu d'une foule gémissante, épuisée par la douleur, la fatigue et la faim.

XVI

CATASTROPHE DU CHEMIN DE FER DE VERSAILLES
(RIVE GAUCHE)

(8 mai 1842)

Le 8 mai 1842, à cinq heures trente-trois minutes du soir,
un convoi composé de dix-sept wagons, contenant sept
cent soixante-huit voyageurs, partit de l'embarcadère de
Versailles, rive gauche, pour Paris. Ce convoi était remorqué par deux machines, le *Matthieu-Murray*, à quatre
roues, et l'*Éclair*, à six roues. Parvenu à la hauteur de Bellevue, un des ressorts du *Murray* se brise : la machine,
perdant un de ses points d'appui sur le bâti qui la supporte,
s'affaisse d'un côté. Par suite de cette inclinaison, quelques
pièces de la locomotive se mêlent et s'entre-choquent.
De là des oscillations, des tiraillements qui tendent à faire
dérailler le *Murray*.

Il déraille ; mais, chassé en avant par la vitesse acquise
du convoi qui le suit, sa roue gauche laboure le sol et brise
tout ce qui s'oppose à son passage. Elle enlève les coussi-
nets des rails, son bourrelet pénètre dans les traverses qui
débordent le sol comme une hache au tranchant arrondi.

Le *Murray* parcourt ainsi une distance de cent mètres
à travers des obstacles sans nombre.

Enfin il sort, se dresse par l'effet d'un choc, franchit
la voie en faisant voler en éclats le rail gauche, et vient
enfoncer ses deux traverses dans le talus qui borde le
chemin à gauche.

Que devenait le convoi pendant cette course désordon-
née ? Le *Murray* s'est arrêté, fortement ancré dans le
talus. Son tender, qui le suit, se renverse alors, culbute
et va tomber du même côté de la voie.

L'*Éclair*, à son tour, buttant contre le *Murray*, brise les deux essieux du tender de cette machine, en défonce la caisse et la projette sur la gauche hors de la voie.

Placé entre la résistance des talus et cette nouvelle secousse, le *Murray* se couche sur le flanc droit.

L'*Éclair*, dont les roues de devant montent sur cet obstacle, verse à droite de la voie; mais le mouvement que reçoit encore sa partie postérieure, dont la petite roue est engagée dans le *Murray*, fait que, dans la dernière position qu'il prend sur le sol, son avant est obliquement ramené dans la direction de Versailles.

L'angle que forment le train d'arrière et les foyers des deux machines barre complètement la voie entre ces deux talus.

Le tender de l'*Éclair*, brisant son attelage, franchit cependant l'obstacle, et, suivant la projection de gauche à droite imprimée par l'*Éclair*, va tomber dans sa position naturelle à dix mètres plus loin, sans autre avarie qu'un essieu brisé.

Le premier wagon découvert suit dans son incroyable bond le tender de l'*Éclair :* comme lui, il passe par-dessus les deux locomotives; mais, au lieu de tomber sur les roues, il tombe sur le côté, se brise et verse au pied du talus ses voyageurs plus ou moins blessés, mais que cette chute préserve de l'horrible destruction qui va s'opérer derrière eux.

Cependant l'élan s'amortit : le deuxième wagon ne franchit qu'incomplètement les machines ; son arrière-train reste suspendu sur elles, tandis que l'avant-train porte en avant à terre. Le troisième wagon s'élève et tombe tout entier sur cette base. Le quatrième wagon, après avoir enfoncé de sa barre d'attelage la boîte à fumée de l'*Éclair,* s'intercale encore dans cet échafaudage, dont l'élévation atteint dix mètres de hauteur.

Enfin le poids du convoi lancé pressant toujours avec une force décroissante, mais encore incalculable, les voitures qui ne peuvent plus gravir la masse des débris, elles viennent s'écraser contre elle ; leurs parois se rejoignent, leurs banquettes inférieures se rapprochent, happant entre elles les jambes des voyageurs, retenues comme dans un étau.

Quant aux malheureux renfermés dans les deuxième, troisième, quatrième et cinquième voitures, la plupart sont broyés ou mutilés par les pièces de bois qui se heurtent, se brisent et s'enchevêtrent.

Mais ce n'est pas tout : le *Matthieu-Murray*, en se renversant, laisse échapper de ses flancs entr'ouverts les charbons enflammés de son foyer. Ces charbons se répandent et mettent le feu aux débris accumulés au-dessus et autour d'eux. Les voitures nouvellement peintes, les provisions de coke qu'ont vomies les tenders, s'embrasent avec une prodigieuse rapidité, et en quelques instants cet amas de wagons, au milieu desquels crient et s'agitent convulsivement des enfants, des hommes et des femmes, n'est plus qu'un vaste bûcher. Les tourbillons de flammes et de fumée qui enveloppent cette fournaise embrasée établissent une infranchissable barrière devant quiconque tente de s'en approcher pour porter secours aux malheureux qui brûlent tout vivants. L'eau bouillante et la vapeur qui s'échappent des chaudières des machines mêlent leurs ravages à ceux des flammes, et produisent les plus horribles blessures.

Moins de dix minutes après le déraillement du *Matthieu-Murray*, le feu a envahi d'une manière irréparable tout ce qui touche à son foyer.

Cependant les secours arrivent ; mais pour la plupart il n'est plus de secours possible. En vain plusieurs personnes accourues sur les lieux, parmi lesquelles on remarque le maire de Meudon, trois gendarmes et un habitant de Bellevue nommé Paillet, essayent de soustraire quelques victimes à une mort épouvantable ; bientôt ils ne peuvent plus approcher du brasier, qui répand une odeur suffoquante ; et ce n'est qu'à l'aide de longs crocs qu'ils parviennent à retirer quelques cadavres.

Voici deux dépositions faites devant la justice lors du

procès auquel donna lieu ce funeste événement : l'une est celle d'un commissaire de police, l'autre est celle du nommé Paillet, qui déploya dans cette circonstance un admirable dévouement et une rare intrépidité. Mieux que tout ce que nous pourrions dire, ces deux dépositions caractériseront l'épouvantable scène dont leurs auteurs furent témoins.

« Des cris affreux de désespoir, dit le commissaire de police, M. Martinet, s'échappaient des voitures empilées. Des mains suppliantes, des têtes, des mouchoirs agités se montraient à toutes les issues. Nous courûmes d'abord vers la première main qui nous fut tendue. C'était celle d'une femme. Elle occupait la voiture intermédiaire; l'ayant très vigoureusement saisie, nous l'invitâmes à nous aider pour faciliter son expulsion, lorsqu'une bouffée de fumée étant sortie de la voiture, elle nous obligea de cacher notre visage pour ne pas être atteints nous-mêmes. Nos efforts s'accrurent du danger. Pour sauver cette malheureuse , nous redoublâmes, et presque au même instant un membre mutilé nous reste dans la main. Nous regardâmes alors, et nous n'aperçûmes plus qu'une tête penchée au dehors de la portière et entièrement noircie par le feu. »

« Je montai sur les débris, dit Paillet, et je parvins à arracher un homme pris par le menton et par le derrière de la tête, ensuite je saisis un jeune homme dont les jambes étaient engagées dans les débris, et qui tenait dans ses bras sa femme, que le feu avait déjà atteinte. De plus, je retirai la demoiselle Colas, dont la figure était brûlée et dont les jambes étaient également prises dans les débris; enfin j'ai pu retirer les deux demoiselles Duchesnay, dont l'une était dans les flammes du bas, et l'autre tout en haut des wagons sur l'impériale. Elle était entourée de flammes, et personne n'essayait de monter jusqu'à elle.

« J'y parvins, et je la saisis par le milieu du corps; mais la flamme ayant consumé la planche sur laquelle j'étais monté[1], je suis tombé avec la demoiselle dans les débris. Le

---

[1] « Paillet, dit un autre témoin, s'aventurait au milieu des flammes

sieur Louis, garçon marchand de vin à Bellevue, parvint à me saisir, et comme je n'avais pas lâché la demoiselle, il nous retira tous les deux. Il nous sauva la vie. Depuis ce moment il ne fut possible de sauver personne.

« Un de ces malheureux, placé au sommet du bûcher, veut sauter à terre ; mais en la touchant il tombe, et il se fracasse le crâne sur un rail.

« Deux sœurs étaient dans un wagon qui se brise et s'entr'ouvre, tandis que les flammes s'élevaient au-dessus ; l'une d'elles parvient à s'échapper par l'impériale défoncée. Arrivée à terre, elle appelle sa sœur Élisa, dont elle voit le corps s'agiter en dehors de la voiture. Mais la pauvre fille luttait en vain. Ses pieds brûlent retenus entre les fragments du wagon. Bientôt cette malheureuse, les mains levées au ciel, disparaît à nos yeux dans les flammes. »

Par mesure de prudence, les portières des wagons avaient été fermées à clef au moment du départ, pour éviter que les voyageurs ne se blessassent en sautant hors des voitures avant que le train se fût complètement arrêté dans la gare de Paris.

Cette précaution eut les résultats les plus désastreux par suite du déraillement. Les voyageurs, épouvantés, hors d'eux-mêmes, et voulant s'élancer par les vasistas immédiatement après l'horrible secousse, firent des chutes très dangereuses. De plus, il y eut dans certains compartiments des luttes affreuses, chacun s'opiniâtrant à passer le premier.

Il est ressorti d'une manière évidente des débats du procès que si l'incendie gagna les sixième, septième et huitième voitures, il ne les consuma que lorsque les voyageurs les eurent quittées ; on put ouvrir les portières ou les forcer à temps.

Il était près de neuf heures quand on fut maître du feu.

comme s'il eût été de fer. Quand il grimpa jusqu'au sommet du bûcher, nous crûmes qu'il n'en reviendrait pas. Quand Louis le retira, il était tout roussi, mais sans brûlures graves. C'est une vraie salamandre que ce gaillard-là. »

Mais jusque-là, et sans attendre l'organisation régulière des secours, l'assistance la plus empressée s'était offerte et multipliée de toutes parts. La maison d'un M. Schacher s'était, sur l'offre du propriétaire, convertie en ambulance. Le château de Meudon s'ouvrait à dix-huit blessés. Les habitants de Meudon et de Bellevue recueillaient avec le zèle le plus spontané les blessés qu'on transportait chez eux ou qui s'y traînaient. En quelques instants, grâce à la charité publique et au concours du commissaire de police Martinet, du maire de Meudon, du commandant du château et du curé, des ateliers de charpie et de pansement avaient été organisés. Chacune des localités voisines envoyait son tribut d'hommes dévoués. Les blessés et les mourants avaient un asile, des médecins et des prêtres.

Le reste de la nuit fut consacré à recueillir les cadavres et les objets épars sur la voie et dans les cendres, qui devaient servir à constater leur identité ; car les cinquante-trois corps retirés du foyer de l'incendie étaient tellement carbonisés, qu'ils étaient complètement méconnaissables.

Un bateau à vapeur expédié de Paris par le préfet de police vint à dix heures prendre et reconduire à Paris tous ceux qui, par la nature et le peu de gravité de leurs blessures, purent profiter de ce moyen de transport, le moins pénible et le moins fatigant qu'il était possible de trouver.

Les cinq premiers wagons contenaient environ cent personnes. Toutes celles que le choc ne lança pas à droite et à gauche sur la voie périrent à peu d'exceptions près.

Le chiffre des morts s'éleva à cinquante-sept, celui des blessés à cent sept. Mais il ne faut pas perdre de vue que dans ce dernier nombre ne figurent que les personnes qui firent, pour ainsi dire, constater leurs blessures. Beaucoup de voyageurs plus ou moins fortement contusionnés regagnèrent leur domicile sans se faire reconnaître, et l'on suppose que plus de deux cents personnes doivent être rangées dans cette catégorie.

Dans le compartiment antérieur du cinquième wagon se trouvait l'amiral Dumont d'Urville avec sa femme et son fils.

Cinq autres voyageurs complétaient ce compartiment. Trois furent sauvés, et voici la déposition de l'un d'eux. Ce sont les seuls renseignements qui nous restent sur les derniers moments de l'illustre marin qui, après avoir vingt fois échappé dans ses campagnes de circumnavigation aux plus terribles dangers, vint périr misérablement sur un chemin de fer. Il s'était récemment fixé à Paris pour surveiller la publication des nombreux matériaux qu'il avait recueillis, et diriger l'éducation de son fils unique.

Ce furent ses amis et les compagnons de sa dernière expédition aux mers australes qui reconnurent à des indices certains son cadavre horriblement mutilé.

Voici cette déposition. C'est celle d'un sieur Trou :

« J'ai eu le pied écrasé ; je suis resté six semaines au lit, et je ne retrouverai peut-être jamais l'usage de ma jambe. Ma femme a péri à mes côtés. J'ai été sauvé par un brigadier de gendarmerie.

« M. Dumont d'Urville, continue le témoin, s'est un peu préoccupé de la vitesse excessive du convoi. Il était à côté de moi. Avant l'événement, deux jeunes gens qui étaient avec nous parlèrent d'accidents déjà arrivés sur les chemins de fer. L'amiral n'a rien dit. Bientôt le choc a eu lieu. L'amiral me parut couvert de flammes; il ne pouvait plus respirer. Ma sœur, qui m'accompagnait, porte encore au bras une cicatrice que lui a laissée l'empreinte des ongles de Mme Dumont d'Urville, la pressant quand elle luttait contre une mort affreuse, inévitable... On nous a sauvés, ma sœur et moi. »

C'est dans les pièces, les débats, les dépositions du procès intenté à l'administration du chemin de fer de Versailles (rive gauche) que nous avons recueilli les détails qui précèdent. Nous ne pouvions trouver une meilleure source, et nous y avons puisé sans scrupule. Si nous n'avions été retenu par la crainte d'impressionner trop vivement l'imagination de nos jeunes lecteurs, nous aurions transcrit les dépositions de quelques témoins, dans lesquelles ils racontent des scènes qui paraissent empruntées aux plus lamentables, aux plus fantastiques inventions des romanciers.

Le mécanicien en chef Georges, qui conduisait le *Matthieu-Murray*, fut tué sur le coup. L'inspecteur de service Milhau, qui se trouvait sur l'*Éclair*, quoique renversé sanglant sur la voie, conserva toute sa présence d'esprit. C'est lui qui fit arborer des drapeaux pour arrêter les convois suivants à la hauteur de Sèvres. Aussi, dans son réquisitoire, l'avocat général s'écriait-il en lui rendant justice : « Milhau s'est montré homme de tête et de cœur. Nous l'accusons la loi à la main ; mais notre vœu serait que le tribunal couvrît, non pas d'une absolution impossible, mais d'une magnifique indulgence cette belle et méritoire conduite[1]. »

Nous terminerons par le rapport adressé au ministre de l'intérieur par deux ingénieurs. Ce rapport, dans lequel l'événement du 8 mai est considéré sous un point de vue purement scientifique, n'est pas sans intérêt, parce qu'il établit et discute les faits matériels dans leur froide nudité.

Rapport de MM. Combes *et* Senarmont, *ingénieurs des mines, chargés de l'inspection des chemins de fer.*

Le convoi partit de Versailles entre cinq et six heures du soir. Il était remorqué par deux locomotives : l'une, de petite dimension, à quatre roues, était en tête du convoi, suivie de son tender ; l'autre, de grande dimension, à six roues, de la construction de Sharp et Roberts, suivait immédiatement avec son tender, et derrière elles venaient les voitures chargées de voyageurs. A quarante-cinq mètres environ du point où la route connue sous le nom de *Pavé des Gardes* traverse à niveau la voie ferrée, l'essieu antérieur de la petite locomotive s'est rompu aux deux extrémités, près des collets contigus aux renflements qui sont

---

[1] Tous les agents de l'administration, dans ce mémorable procès, furent acquittés. Le tribunal se fonda sur ce que la catastrophe n'avait pu être ni prévue ni évitée, et qu'aucune négligence ni imprudence ne pouvait être imputée à l'administration.

encastrés dans les moyeux des roues. Cet essieu est tombé sur le chemin, entre les deux lignes de rails. Il y était encore le 9 au matin. La cassure du fer est lamelleuse, à larges facettes ; le diamètre est de 9 centimètres.

La locomotive, privée de son essieu et de ses roues de devant, a néanmoins continué à cheminer, et l'on ne s'aperçoit pas qu'elle ait labouré le sol avant la traversée de la route départementale. Cette locomotive était encore ce matin dans le fossé du chemin, au pied du talus. L'essieu coudé conducteur qui était à l'arrière était brisé en un point, et paraissait avoir cédé sous un effort de torsion.

Le tender qui suivait la petite locomotive a été brisé par le choc. La grande locomotive à six roues qui venait après a été renversée en travers de la route, la grille tournée du côté de la petite locomotive antérieure. La boîte à fumée a été défoncée, ainsi que le couvercle de l'un des cylindres. Les essieux et les roues ont été séparés de cette locomotive. Les essieux ont été infléchis, non pas rompus ; le tender de la grande locomotive a été brisé par le choc. Les chaudières des deux machines sont d'ailleurs demeurées intactes et sans déchirures. Les parties saillantes au dehors, telles que les soupapes, ont été seules brisées.

Les cinq premières voitures occupées par les voyageurs sont venues successivement se précipiter sur les locomotives renversées, et sont montées par-dessus, en vertu de leur vitesse acquise. En même temps les morceaux de coke enflammés qui étaient sur les grilles, sur celles de la seconde locomotive principalement, se sont trouvés entraînés ou lancés au milieu des voitures, et ont développé un affreux incendie, auquel les pièces en bois dans lesquelles sont renfermées les chaudières des locomotives, et les planches minces qui entrent dans la construction des caisses des voitures, ont fourni un aliment très actif. Le mécanicien en chef du chemin de fer de la rive gauche a été tué sur le coup, ainsi que trois chauffeurs. L'inspecteur général de la ligne, qui conduisait la seconde locomotive de Sharp et Roberts, avait, à ce qu'il paraît, sauté en bas de la machine et s'était fracturé la jambe. Les malheureux voyageurs renfermés dans les premières voitures poussaient des cris affreux, et personne ne pouvait les secourir. Suivant M. le commissaire de police de Meudon, l'une des voitures a été brûlée dans l'intervalle de dix minutes.

Sans entrer dans la discussion des causes diverses qui ont concouru à cet épouvantable désastre, et des mesures qu'il conviendra de prescrire pour en prévenir le retour, il est évident pour tout le monde que la petite locomotive à quatre roues placée en tête du convoi a été l'origine du mal, et que l'usage de ces locomotives devrait être supprimé. Les fractures d'essieu sont assez fréquentes sur les chemins de fer; mais elles ne donnent pas habituellement lieu à des accidents aussi graves dans les locomotives à six roues.

Quant à l'incendie qui a accompagné la catastrophe du 8 mai, nous croyons que ce fait est encore sans exemple dans l'histoire des chemins de fer.

<hr>

XVII

TROMBE DE MONVILLE

(1845)

Le 19 août 1845, à midi trente-cinq minutes, deux violentes rafales s'avançant, l'une du côté du sud-ouest, l'autre de l'est, parurent se choquer près de Houlme[1]. Aussitôt il se forma une trombe semblable à un cône renversé, qui descendait du ciel. Cette immense colonne, dont la large base se confondait avec les nuages, et dont le sommet, qui rasait le sol, offrait un diamètre apparent de huit à dix mètres au plus, tournoyait sur elle-même avec une incalculable rapidité. De son sein jaillissaient des éclairs, et elle

____

[1] Hameau à une petite distance de Rouen (Seine-Inférieure).

laissait partout sur son passage une insupportable odeur sulfureuse qui persista pendant quelque temps.

Le faible diamètre de la trombe explique comment d'énormes arbres qui se trouvaient sur son passage furent, pour ainsi dire, fauchés, tandis que des deux côtés, à quelques pas, des gerbes de blé et des plantes ont été entièrement épargnées. Toutes les personnes qui virent le terrible météore à son début furent unanimes pour déclarer que des nuages, les uns noirs, les autres rougeâtres, se mouvaient dans la trombe, lancés et relancés avec une vitesse prodigieuse. On entendait un mouvement analogue à celui qui précède la grêle. Le baromètre baissa tout à coup de sept cent cinquante-six à sept cent quarante millimètres, c'est-à-dire descendit de seize millimètres. La température, de son côté, s'éleva beaucoup. Enfin un courant d'air chaud semblait précéder la trombe, et son ardeur était telle, que des ouvriers occupés dans une forge s'en aperçurent.

Le météore courait vers l'est en renversant tout ce qui se présentait devant lui. Il fit une trouée à travers une forêt sans épuiser sa force, coupant ou tordant les arbres et les projetant à droite et à gauche.

La trombe s'engage ainsi dans les riches vallées de Malaunay et de Monville, tombe comme la foudre sur une filature de coton et emporte comme un fétu de paille tous les bâtiments, où travaillent cent vingt ouvriers. Des maisons d'habitation situées à côté ne sont que faiblement endommagées ; car la trombe semble en quelque sorte choisir ses victimes. Sa marche, en effet, n'est pas en ligne droite, mais en zigzag, et elle paraît évidemment attirée par les masses de fer constituant les nombreuses machines des fabriques de la vallée.

La seconde filature qu'elle atteint voit son troisième étage coupé avec une horrible précision, enlevé en moins d'une seconde par une espèce d'aspiration et précipité dans la rivière. Les deux autres étages s'affaissent sur eux-mêmes, et il ne reste pas deux mètres de muraille debout.

Pour rencontrer cette seconde filature, la trombe avait

couru du nord-est au sud-ouest. Tout à coup elle rebrousse chemin et va écraser une troisième usine sur la tête de cent quatre-vingts personnes ; car, par une triste fatalité, c'était l'heure où le personnel complet des usines était au travail.

Cette dévastation, opérée en moins de deux minutes, avait un caractère étrange. Les décombres, les meubles, les fourrages, les machines, les marchandises étaient tellement confondus avec les arbres déracinés du champ ou du jardin voisin, qu'il était impossible de dire où avait été le bâtiment, où avait été le jardin.

« La destruction est si complète, écrivait un témoin oculaire, que l'imagination ne pourrait se la représenter, et qu'aucune description ne peut en donner une idée. Les trois filatures ont été littéralement réduites en miettes. Une cheminée haute de cinquante mètres a été jetée tout d'une pièce en travers de la rivière. Il ne reste pas deux briques l'une sur l'autre. »

En quittant ces débris, le météore continue sa course furieuse, dévaste les campagnes, renverse en passant la sécherie d'une fabrique d'indiennes, et précipite dans une propriété voisine un ouvrier, sans qu'il sache comment il y a été transporté. On le relève évanoui, mais sans blessures. C'est dans la direction de Clèves que le météore paraît se fondre ou se disperser.

Pour se faire une idée de l'horrible scène dont la vallée fut le théâtre, qu'on se figure quatre cents infortunés saisis sous les débris des bâtiments avant qu'ils eussent eu même le temps de songer à la fuite.

La nouvelle du désastre ne fut pas plus tôt arrivée à Rouen, que les autorités et tous les médecins de la ville avec leurs élèves s'empressèrent de se rendre à Monville. Quatre compagnies du 21e partirent au pas gymnastique, et se joignirent aux habitants de la localité pour fouiller les ruines et en retirer ceux qui respiraient encore.

En peu d'instants les travaux de déblaiement furent organisés, des ambulances établies, et chacun rivalisa de zèle et de dévouement pour offrir aux malheureuses victimes tous les secours dont elles pourraient avoir besoin. On cite un ingénieur des mines, M. Slaveski, qui resta quarante-huit heures sur les lieux, et qui dirigea en personne les travaux des ouvriers et des soldats, jusqu'à ce qu'il se fût assuré (par les appels faits d'après les registres des établissements) que les décombres ne cachaient plus une seule victime.

Une remarque a été faite, et nous nous garderons bien de la passer sous silence, c'est que tant qu'il y eut quelque espoir de retirer de dessous les débris des filatures une créature vivante, personne, même parmi les plus lésés, ne s'occupa des pertes matérielles : on ne parut pas même y songer. Qu'était-ce, en effet, que des dévastations de propriétés, des prairies labourées, des champs bouleversés, des récoltes détruites, des murs renversés, des toitures écrasées, des plantations rasées, à côté de la mort de tant d'ouvriers surpris au milieu de leurs travaux ?

Parmi les personnes accourues sur les lieux à la première nouvelle de la catastrophe, on remarqua l'ardeur et la constance des frères des Écoles chrétiennes. Comme ils étaient alors en vacances, et que leur devoir par conséquent ne les appelait pas ailleurs, ils restèrent à Monville, et ne prirent aucun repos pendant trois jours. Toujours à la tête des travailleurs et dans les postes les plus difficiles, on les vit passer des heures entières dans la petite rivière de Cany, où l'une des filatures avait été lancée.

A mesure qu'on découvrait un cadavre, on le portait dans une maison sans s'occuper de constater son identité. Ce ne fut que lorsqu'on eut terminé le déblaiement qu'on permit au public de pénétrer dans la maison qui avait servi de dépôt, afin de procéder à la reconnaissance et à l'ensevelissement. Une foule éplorée s'y précipita ; et, chose horrible, les misérables restes étaient si mutilés, si défigurés, que, sans les lambeaux de vêtements qui tenaient encore aux cadavres, les femmes n'auraient pas reconnu leurs maris, les maris leurs femmes, ni ceux-ci leurs enfants.

Quand on procéda aux fouilles, on trouva au milieu des

La trombe de Monville.

décombres le propriétaire d'un des établissements détruits, M. Neveu, à genoux et appuyé sur ses poignets.
Dans cette position, il formait une espèce de voûte vivante au-dessus de sa mère renversée sous lui. Quoique
le poids des débris que soutenait M. Neveu fût énorme,
il n'en resta pas moins trois heures dans cette attitude; et
telle avait été sa contraction musculaire, que la réaction
qui s'opéra après sa délivrance lui occasionna une priva-
tion absolue de toute sensation. Pendant deux heures il
ne put articuler un seul mot. Quand il reprit connaissance, ses premières paroles couronnèrent dignement son
dévouement filial : « Je suis ruiné, dit-il, mais je ne m'en
plains pas : j'ai eu le bonheur de sauver ma mère ! »

On trouva également une petite fille qui s'était blottie
entre des balles de coton, qui avaient été elles-mêmes
protégées par des poutres. Cette pauvre enfant fut retirée
une des dernières, mais sans blessures.

Une autre femme dut la vie à sa présence d'esprit. Elle
travaillait au premier étage, et devant une fenêtre. Quand
le bâtiment fut entraîné derrière elle, elle se précipita par
la croisée, et en fut quitte pour une contusion au bras.

Trois jeunes frères étaient occupés dans la même filature. L'un d'eux, travaillant au quatrième étage, fut précipité avec les décombres dans la rivière, d'où on le retira vivant. Ses blessures n'avaient aucune gravité; mais
il était fou.

Le second, plus heureux, travaillait au rez-de-chaussée. En entendant le fracas, il s'appuie contre la muraille précisément dans un des deux points où quelques
mètres sont restés debout. Le plancher supérieur, en s'é-
crasant, forme un arc-boutant au-dessus de lui et le préserve de toute atteinte. On le dégagea sans qu'il eût éprouvé
la plus légère égratignure.

En général, on a remarqué que les victimes ont été
beaucoup plus nombreuses parmi les ouvriers occupés au
rez-de-chaussée des filatures que parmi ceux qui travaillaient dans les étages supérieurs. Dans un établissement,

plusieurs ouvriers du troisième étage ont été lancés avec la toiture dans une prairie située de l'autre côté de la rivière sans éprouver de blessures graves. Ils assurent qu'ils se sont sentis après leur enlèvement comme soutenus en l'air par une force inconnue.

Il nous reste maintenant à dire quelques mots des phénomènes qui accompagnèrent la trombe.

La profonde et subite perturbation qu'elle causa sur un point de l'atmosphère produisit un vent violent qui souffla dans les environs et se fit sentir à une énorme distance. Qu'on juge par ce seul fait de la rapidité et de la puissance du météore. A la Chapelle, près de Dieppe, à une distance de trente-six kilomètres de Monville, un berger a vu tomber une planche d'un mètre quarante centimètres de longueur, sur douze centimètres de largeur et un centimètre d'épaisseur. Des ardoises, du coton, des fragments de vitres, des lattes, étaient, à cinq lieues à la ronde, éparpillés sur le sol. C'était une véritable pluie de débris de toute espèce.

Tous les faits observés démontrent que l'électricité jouait un grand rôle dans le météore. Les briques et les pierres des bâtiments écrasés étaient brûlantes. Des planches, du coton et beaucoup d'objets d'une combustion facile, paraissaient comme carbonisés extérieurement. Un certain nombre de broches appartenant aux métiers étaient aimantées. Enfin les cadavres d'un certain nombre de victimes ne présentaient aucune lésion extérieure, et offraient tout l'aspect des individus foudroyés. La lumière qui jaillissait de la trombe n'est point douteuse, et elle a été aperçue même de fort loin. Enfin une famille qui dînait dans ce moment-là, et qui a vu les plats voler au plafond et une poêle à frire s'y enfoncer, a été entourée d'une lueur subite, en tout point semblable à un éclair.

Pendant longtemps les physiciens cherchèrent à expliquer la formation des trombes par la rencontre de violents tourbillons de vent soufflant de plusieurs points opposés de l'horizon. Beccaria y vit le premier un phénomène où l'électricité jouait le rôle prépondérant ; et de nos jours M. A. Pelletier, dans un ouvrage intitulé : *Observations et recherches expérimentales sur les causes qui concourent à la formation des trombes*, propose l'explication suivante. Sa théorie est certainement la plus ingénieuse et la plus rationnelle qui ait été émise. En voici le résumé tel que nous le trouvons dans le *Magasin pittoresque*.

« On sait que tous les phénomènes électriques s'expliquent en supposant l'existence de deux fluides : le fluide vitré, qui se manifeste quand on frotte un verre avec une étoffe bien sèche ; le fluide résineux, qui se produit en frottant de même un morceau de résine ou de cire à cacheter. Quand ces deux fluides se réunissent en un même corps, ils se neutralisent réciproquement, et le corps ne donne aucun signe d'électricité ; mais quand ils sont séparés, ces signes se manifestent. Il est d'observation que deux corps possédant la même électricité se repoussent, et s'attirent s'ils possèdent une électricité contraire.

« Or le globe que nous habitons est presque constamment chargé d'électricité résineuse, tandis que la nature de l'électricité des nuages varie singulièrement. Supposons maintenant que des nuages soient fortement chargés d'électricité vitrée : la terre les attirera vers elle ; de là ce cône renversé qui descend des nuages. Mais en s'abaissant, si ce cône s'approche de la surface de la mer, il attirera à son tour l'eau placée au-dessous de lui ; celle-ci sera d'abord agitée, clapotera, se couvrira d'écume ; puis, au moment où le nuage touchera, elle se soulèvera sous la forme d'une gerbe immense et s'élancera vers les nues. Quiconque a vu l'action puissante des électricités contraires accumulées dans les corps ne s'étonnera ni des effets terribles de ces trombes sur terre et sur mer, ni des coups de tonnerre, des éclairs, des globes de feu et des averses qui les accompagnent ou les suivent. Il comprendra que le tourbillon du vent le plus violent ne saurait rendre compte d'une manière satisfaisante de ces puissants effets d'attraction, qui s'expliquent naturellement par les effets bien connus de l'électricité. »

XVIII

CHUTE D'UN PONT SUSPENDU A ANGERS (MAINE-ET-LOIRE)

(16 avril 1850)

Le 16 avril 1850, à onze heures du matin, un escadron de hussards, venant de Nantes, franchissait le pont de la Basse-Chaîne jeté sur la Maine, à Angers. Un quart d'heure plus tard, la tête de colonne du premier bataillon du 11e régiment d'infanterie légère se présentait de l'autre côté du pont.

A ce moment le vent d'ouest, qui soufflait depuis le matin, se déchaîna avec une violence extraordinaire. C'était une suite de rafales accompagnées d'une pluie torrentielle.

Dès que le peloton de voltigeurs qui ouvrait la marche se fut engagé sur le tablier du pont, l'ordre fut donné aux tambours de cesser de battre, et aux soldats de rompre la cadence du pas : précautions toujours usitées en pareille circonstance.

Le bataillon marchait par demi-sections de douze hommes de front ; mais chacune d'elles, en s'avançant sur le pont balayé par la tourmente, obéissait à un mouvement irrésistible d'accélération, et se massait sans s'en apercevoir.

Les brusques secousses, les oscillations étranges que le vent imprimait à toutes les pièces du pont portaient aussi les soldats à allonger les enjambées, et comme la tête de la colonne reprit une allure plus réglementaire en arrivant au bout du pont, il en résulta que les distances entre les sections se trouvaient à un moment donné extrêmement raccourcies.

Le peloton de voltigeurs qui ouvrait la marche, les sapeurs, les tambours et la moitié, des musiciens avaient touché la rive gauche ; le lieutenant-colonel à cheval, son état-major, les cantinières, les première, seconde et troisième compagnies foulaient le pont avec la moitié de la quatrième ; l'autre moitié de cette compagnie, ainsi que celle des voltigeurs, n'y était pas encore engagée.

Telle était la position du bataillon, lorsque le câble d'amont qui supportait le tablier rompit sous sa charge avec un bruit sec et retentissant assez semblable à un coup de canon. Aussitôt le tablier, soutenu d'un seul côté dans le sens de sa longueur, s'incline ; les soldats, par un mouvement instinctif, se précipitent du côté opposé à celui qui fléchit ; cet élan en masse rompt le câble d'aval, et le tablier avec tout ce qu'il supporte tombe à la rivière, s'y enfonce par l'effet de sa chute, et reparaît bientôt tout couvert d'infortunés qui s'efforcent de s'y cramponner.

Mais comme le poids de cette multitude, joint à celui des nombreux débris du système de suspension restés fixés au tablier, l'empêchait de flotter, il plongeait et reparaissait alternativement à la surface de l'eau, et l'on remarquait avec désespoir que, chaque fois que cette espèce de radeau se remontrait, le nombre des naufragés qu'il portait était sensiblement diminué.

D'une pile à l'autre la rivière, dans toute sa largeur, était couverte de soldats se débattant, s'accrochant les uns aux autres. Çà et là on voyait une espèce de grappe humaine à laquelle la houle de la rivière, fouettée par l'ouragan, imprimait une forme ondulatoire qui variait continuellement selon le caprice des vagues. A chaque instant celles-ci diminuaient le nombre de ceux qui composaient un de ces groupes, et on les vit se fondre homme à homme.

Qu'on se figure, si on le peut, la douleur, l'anxiété, la rage impuissante des spectateurs de cette scène sans nom, dont les cris, se mêlant à ceux des victimes, dominaient les sifflements de la tempête.

Le premier mouvement des témoins du désastre fut de se

précipiter sur le rivage, de lancer à l'eau les planches, les madriers, toutes les pièces de bois qui tombaient sous la main, pendant que les mariniers coupaient les amarres des barques attachées à la rive et essayaient de gagner le large.

Mais la plupart de ces barques manquaient d'avirons, et ceux qui les montaient s'épuisaient en efforts inutiles pour vaincre la résistance des vagues et du vent, car la moitié des embarcations, au lieu d'avancer vers le lieu du sinistre, s'en allait à la dérive. Une toue, montée par quatre vigoureux mariniers, parvint cependant au milieu des soldats; mais à peine les mariniers ont-ils déposé leurs rames, qu'une vague remplit leur barque et la fait chavirer; forcés de regagner la terre à la nage, chacun d'eux saisit un soldat et le ramène à bord.

Ce qui ajoutait encore à l'horreur de cette scène, c'étaient les larges taches sanglantes qui marbraient çà et là les eaux de la Maine et rougissaient de temps en temps l'écume d'une vague. Ce sang provenait des nombreuses et larges blessures que les militaires s'étaient faites avec leurs baïonnettes en tombant pêle-mêle d'une hauteur considérable et en glissant sur le tablier du pont.

Si la Maine eût été calme, le désastre eût très certainement été beaucoup moins grand. La plupart des soldats, en effet, soutenus par leurs sacs, roulèrent, pour ainsi dire, sur l'eau pendant un temps assez long pour qu'on pût arriver jusqu'à eux par un vent ordinaire. Mais les hommes qui conduisaient les barques, malgré les plus énergiques efforts, perdaient, pour atteindre jusqu'au lieu du sinistre, une série de moments précieux, dont chacun coûtait la vie à un soldat qui disparaissait; et en outre, lorsqu'une barque y parvenait, le sauvetage au milieu de ces ondes agitées devenait extrêmement long et difficile.

Et cependant jamais population d'une ville entière ne tenta avec plus de dévouement tout ce qui était humainement possible pour arracher à la mort des infortunés que le fleuve menaçait d'engloutir jusqu'au dernier. On vit des femmes, dans l'eau jusqu'à la ceinture, tendre des perches à des soldats ; des enfants, à cheval sur une planche, s'abandonner au courant, et, se servant de leurs pieds et de leurs mains comme de rames, approcher d'une main qui s'agitait encore convulsivement au-dessus de l'eau et lui offrir un point d'appui. On cite des hommes qui sont

La Maine et le château d'Angers.

parvenus à retirer, celui-ci quinze, celui-là dix, cet autre cinq militaires.

Comme toujours, les membres du clergé et les sœurs de Charité se firent remarquer parmi les plus ardents à l'œuvre du sauvetage, les plus oublieux de leur propre sécurité.

A mesure qu'on ramenait un soldat au rivage, il était entouré des plus tendres soins, et la foule se disputait le bonheur de lui offrir un asile et un lit. Le corps médical d'Angers se multipliait, pour ainsi dire, afin de suffire aux pansements de tous ces moribonds, qui sortaient de l'eau à demi noyés et trop souvent affreusement blessés.

Parmi les cadavres qui furent retrouvés le même jour et les suivants, on constata que la majeure partie avaient

le corps traversé par un ou plusieurs coups de baïonnette.
On trouva même un soldat dans le dos duquel un canon
de fusil était entré assez profondément pour ressortir par
sa poitrine.

Une circonstance déplorable vint encore accroître le
chiffre des morts. Les militaires avaient mangé peu d'instants avant d'arriver au pont; il en résulta que beaucoup
périrent asphyxiés aussitôt après l'immersion, et que quelques-uns même qui, à jeun, en eussent été quittes pour
un bain forcé, moururent uniquement à cause de la plé-
nitude de leur estomac. Cet épouvantable événement coûta
la vie à deux cent dix-neuf militaires et à deux agents de
police, qui étaient venus transmettre quelques instructions
au commandant du bataillon. Le nombre des blessés s'éleva
à cinquante-sept.

Le lendemain de la catastrophe, Napoléon III, alors président de la république, se rendit à Angers à la première
nouvelle du désastre. Dès son arrivée, il se fit rendre compte
du nombre des morts et de la situation des blessés, les vi-
sita, accompagné du ministre de la guerre et du commandant de place, et donna des ordres pour qu'ils fussent
aussi bien traités que possible. Le président ne s'occupa
point seulement des victimes ; il fit indemniser les habitants d'Angers qui avaient reçu des soldats chez eux, et
pour qui cette charge, qu'ils s'étaient généreusement imposée, constituait un véritable sacrifice.

Le pont de la Basse-Chaîne comptait onze années d'existence. L'année précédente, la ville d'Angers avait dépensé
une trentaine de mille francs pour le consolider.

Sa travée, d'une pile à l'autre, avait cent mètres de
longueur. Les câbles de suspension s'appuyaient sur des
colonnes de fonte entourées de pyramides d'ornementation
qui formaient quatre clochetons à jour. C'est dans la
chambre d'amarre que le câble d'aval se rompit.

Depuis lors un pont de pierre remplace celui qui s'est
brisé dans des circonstances si désastreuses.

XIX

LES CYCLONES DE LA MER DES INDES

(1789-1876)

Pour s'expliquer les effets désastreux que peut produire
le vent, il faut se rappeler que tout effet mécanique s'exprime à l'aide du produit de la masse par le carré de la
vitesse. La masse de l'air est insignifiante : un litre d'air
pèse un gramme $^5/_{10}$, alors qu'un litre d'eau pèse un kilogramme. Mais l'air peut atteindre des vitesses six fois
supérieures à celle d'un train express. L'air avance quelquefois de 40 à 50 mètres par seconde, tandis que dans
le même temps l'eau d'un fleuve au courant rapide n'avance guère que de 1 à 2 mètres. D'où il résulte que l'air,
par suite de sa vitesse, atteint presque la même puissance
destructive que l'eau d'un fleuve qui déborde.

Un vent de tempête peut exercer, par mètre carré, une
pression de 275 kilogrammes et quelquefois davantage.
On a vu des coups de vent faire dérailler et même renverser des trains; et l'on admet que pour renverser certains wagons la pression nécessaire doit être de 400 kilogrammes environ par mètre carré de surface.

Sous nos latitudes, nous n'avons pas à craindre les typhons, les tornades et les cyclones. Ce que nous appelons
en Europe des cyclones ne sont que les restes des tourbillons équatoriaux. Les ravages qu'ils produisent encore
suffisent cependant pour faire comprendre ce dont ils sont
capables à leur point de départ.

Le cyclone est constitué, sous les tropiques, par une
grande masse d'air animée d'un rapide mouvement de
rotation; c'est une grande toupie gazeuse pirouettant sur

elle-même, un gigantesque anneau d'air tournant autour
de son centre. Telle est la définition qu'en donne M. de
Parville dans une de ses causeries scientifiques insérées au
Bulletin français, causeries que nous analysons. Malheur
à qui heurte cette masse tourbillonnante ! Elle vous prend,
vous entraîne, et il faut, bon gré, mal gré, valser avec
elle. En 1845, un navire fut saisi par un cyclone et ne
put lui échapper qu'après avoir décrit, en cinq jours, cinq
grandes spirales de 2,400 kilomètres de développement.

En général les cyclones naissent sous les tropiques; ils
remontent en latitude le long de la côte américaine, puis
suivent le *Gulf-stream,* traversent l'Atlantique le plus souvent à la hauteur de Terre-Neuve, et viennent aborder
l'Europe le plus souvent aussi à la hauteur de l'Irlande.
Quand leur itinéraire s'abaisse et qu'ils abordent le continent par le travers de la France, nous avons des pluies
torrentielles et des vents furieux.

Les cyclones, en pénétrant sous nos latitudes, gagnent
en amplitude ce qu'ils perdent en force. Sous les tropiques,
ils mesurent souvent moins de 300 kilomètres ; en Europe, ils se dilatent au point de couvrir jusqu'à 800 kilomètres d'étendue. Aussi le vent qui, aux Antilles, brise
un navire comme un jouet, abat une ville sans effort,
n'est plus capable, en France ou en Angleterre, que de
déraciner des arbres et de renverser des murs déjà ébranlés.

Les signes précurseurs de la tempête sont effrayants sous
les tropiques : la chaleur est étouffante, le baromètre baisse,
un nuage noir se montre à l'horizon. On sait ce que cela
veut dire; aussitôt le canon d'alarme retentit. Les navires
à l'ancre dans un port sûr doublent leurs amarres; ceux
qui se trouvent dans une rade ouverte à tout vent se hâtent
de prendre le large et de fuir. Les habitants se préparent
à la lutte; c'est bien souvent une question de vie ou de
mort. La tempête arrive impétueuse, soudaine. Les murs
craquent, les arbres crient. Pendant plusieurs heures elle
fait rage; puis brusquement le calme revient, le ciel s'éclair-
cit. On se trouve au centre du cyclone, mais on n'est pas

hors du danger. Une heure, deux heures, une demi-journée quelquefois se passent; puis tout à coup l'ouragan éclate encore avec une nouvelle furie. Les ras de marée se mêlent à la tempête pour compléter l'œuvre de destruction, puis la foudre, puis les tremblements de terre. La vague soulevée par l'ouragan s'élève parfois jusqu'à vingt mètres au-dessus du niveau de la mer, emportant les navires sur la terre et les y laissant à sec. Quelquefois la raréfaction de l'air engendrée par le passage d'un cyclone est si soudaine, que l'air contenu dans les maisons se dilate brusquement et projette au loin les portes et les fenêtres.

Quelquefois aussi le ciel est beau, le temps calme, et on voit tomber sur les plantations une pluie d'eau salée et même des poissons. C'est le cyclone qui télégraphie ainsi son approche. Les colons des Antilles et les habitants de Calcutta savent à quoi s'en tenir sur les prouesses du vent.

C'est particulièrement sur la côte orientale de l'Inde que les cyclones exercent leurs ravages. Ils soufflent généralement au printemps et en automne (d'avril en juin et de septembre en novembre), à l'époque où les moussons changent de direction. Sur 88 de ces tempêtes dans l'océan Indien, il y en eut 49 en automne, et 29 seulement au printemps. Et presque tous ces 49 cyclones éclatèrent au nord du 15e degré de latitude, dans le golfe du Bengale, tandis que les autres eurent pour théâtre les flots d'où sortent les îles Adaman.

Toute la côte orientale de l'Inde est exposée à la rage de ces ouragans; et, de l'île de Ceylan à Chittagong, il n'y a guère de plage du littoral qui n'ait déjà été ravagée une ou plusieurs fois. Les endroits les plus maltraités sont les rives basses, surtout quand elles appartiennent à un golfe, et qu'elles sont situées dans un angle du rivage; car les vagues ont plus de force, l'alliance de l'eau et du vent y est plus terrible.

Un des premiers cyclones sur lesquels on ait des détails authentiques, celui de 1789, eut lieu à une époque inaccoutumée, au mois de décembre ; il fut accompagné de trois vagues gigantesques qui se répandirent sur la côte près de Coringa, dans le voisinage de l'embouchure du Godavery : la ville presque entière fut détruite avec ses 30,000 habitants, et les vaisseaux à l'ancre dans la baie portés au loin dans les terres. Cette même contrée fut visitée en 1839 par un cyclone aussi terrible que celui de 1789.

La côte de Madras et celle de Coromandel reçoivent aussi de temps en temps de ces fâcheuses visites ; mais, grâce à la disposition du littoral, les eaux de la mer n'y font pas d'aussi grands ravages. A Madras, le cyclone semble surtout exercer sa fureur sur les navires toujours nombreux qui sont à l'ancre dans la rade, et sur les maisons et bâtiments de la campagne, comme en 1773, en 1783, en 1872. Le 15 octobre 1783, et les 1er et 2 mai 1872, un grand nombre de vaisseaux y périrent corps et biens ; ce qui, en ce dernier cyclone, ne serait pas arrivé si le chef de port eût été à son poste et eût prévenu les capitaines de gagner sans retard la haute mer. L'ouragan qui s'est jeté les 15 et 16 octobre 1873 sur les districts de Midnapore et de Burderan n'a tué presque personne à Burderan, et seulement 3,000 dans le pays de Midnapore.

De toutes les côtes de l'Inde, celles où le Gange et l'Hougly versent leurs eaux sont les plus éprouvées par ce genre de fléau : grâce à la disposition de ces côtes, le vent et l'eau s'y engouffrent comme dans un sac. Le 31 octobre 1831, une vague s'y étendit jusqu'à 250 kilomètres dans les terres, rasa 300 villages, et fit périr environ 30,000 personnes. Catastrophe pareille le 7 octobre 1832 et le 21 septembre 1839, tout cela à l'embouchure du Gange. A l'embouchure de l'Hougly, le 21 octobre 1833, la vague soulevée fit périr 10,000 individus ; et le 21 mai de cette même année, près de Coringa, 50,000 personnes avaient été noyées dans 600 villages inondés : la mer, ce jour-là, monta sur cette rive infortunée à trois mètres au-dessus de la plus haute marée connue, et l'on dit que le baromètre baissa tout à coup de cinq centimètres. Tous ces détails, tous ces chiffres nous sont fournis par un journal anglais, l'*Ausland,* et sont de l'authenticité la plus indiscutable.

Au cyclone du 5 octobre 1864, à Calcutta, presque 4,000 hectares furent envahis par les eaux, bien que les bords de l'Hougly, ceux de ses affluents et les rivages des îles soient protégés par des digues ayant de 3 à 4 mètres de hauteur. Que pouvaient ces levées, à les supposer assez solides, contre une vague de dix mètres d'élévation au-dessus du niveau moyen de la mer? Le flot remonta de Meharpore à Matahangha, et causa la mort de 50,000 personnes : il en aurait noyé beaucoup plus encore, s'il fût survenu pendant la nuit et eût surpris les gens en plein sommeil. D'ailleurs il fit en outre mourir indirectement près de 30,000 individus, la pourriture des cadavres non enterrés ayant suscité des fièvres pernicieuses, la variole, le choléra et autres maladies.

Un mois à peine après ce cataclysme sur l'Hougly, le 5 novembre, la côte de Kistnah, près de Masulipatan, fut ensevelie sous une vague, et 35,000 habitants périrent. Trois ans après, le 1er novembre 1867, une nouvelle catastrophe de ce genre fondit sur le district de Calcutta; mais, par bonheur, si elle rasa 30,000 cabanes, elle ne fit guère périr qu'un millier d'indigènes.

Mais le plus grand de tous ces désastres, avec celui du 31 octobre 1876, est celui du 6 juillet 1822. Le flot engloutit subitement toutes les embouchures du Gange avec leurs rives; heureusement il s'élança avant qu'il fût tard, quand le cyclone soufflait déjà depuis quelque temps et que les gens étaient sur leurs gardes : il ne s'en noya pas moins 100,000 personnes, autant d'animaux, et causa pour un million de roupies de dégâts.

Le cataclysme du 13 octobre 1876 fut encore plus épouvantable. Jusqu'à onze heures du soir, rien ne faisait pressentir le danger, et dès avant minuit, sans le moindre signe précurseur, la catastrophe éclata, surprenant tous les habitants dans leur sommeil. Trois vagues gigantesques couvrirent un pays de 800,000 hectares environ, sur lequel vivaient un million d'hommes. En quelques minutes 215,000 individus furent emportés par le flot, ensevelis par lui. Du reste, le chiffre exact des victimes est demeuré et restera toujours inconnu. La plupart des fonctionnaires dont on pouvait attendre des renseignements sérieux furent noyés; mais on sait que les bourgs, villes et villages envahis par les eaux perdirent plus de la moitié de leur population.

De mémoire d'homme c'est bien le désastre le plus terrible occasionné par l'eau. Trois grandes îles, un très grand nombre d'îlots, et tout le rivage, sur une longueur de 10 kilomètres et une largeur de 6 à 6 kilomètres, furent engloutis sous le ras de mer. Ces îles sont toutes voisines des bouches du Meghna, cours d'eau formé par la réunion du Gange et du Brahmapoutre. La plus grande de celles que la mer a recouvertes, Dakhin-Chahabazpore, a 240,000 habitants; les deux autres, Hattiah et Sundney, en ont bien 100,000 à elles deux. Les malheureux insulaires eurent à peine quelques minutes pour penser à leur salut avant l'arrivée de la terrible vague, haute de 4 à 8 mètres. Au bout de deux heures, le flot commença à redescendre; mais ce fut seulement dans l'après-midi du lendemain que les survivants purent quitter les branches des arbres, les lieux élevés qui leur avaient servi de retraites.

Presque seuls ceux-là furent sauvés qui avaient grimpé dans les palmiers et les cocotiers; ceux qui s'étaient réfugiés sur les toits des maisons furent emportés par les eaux. Tous les animaux périrent, tous les bateaux furent détruits; et comme les voitures et les chars sont inconnus dans ces îles, on manqua absolument de moyens de communication. La ville de Dowluktor fut entièrement détruite. « Partout où la vague a passé, dit la *Gazette officielle,* il n'est resté qu'un tiers de la population, ou même moins encore, et dans les îles rien qu'un quart... »

Les effets de cette catastrophe se firent sentir longtemps après. Le choléra, né de la putréfaction des cadavres, fit encore plus de victimes que le cyclone lui-même. En mai 1877, les Indiens mouraient encore par milliers, par la famine et la maladie, suite des germes empoisonnés répandus dans l'air.

XX

PARIS BRULÉ PAR LA COMMUNE

(23-28 mai 1871)

On voit parfois le vainqueur mettre à feu la ville conquise : Troie, Carthage, Corinthe, Jérusalem furent ainsi réduites en cendres. On rencontre quelques vaincus saisis d'un immense désespoir et se brûlant eux-mêmes, comme Sardanapale à Babylone : c'est Camulogène brûlant Paris à l'approche du lieutenant de César, Labiénus ; c'est Rostopchine n'hésitant pas à sacrifier Moscou quand les Français en envahissent les murs. On cite dans l'histoire les noms de quelques incendiaires atteints de folie furieuse : Néron mettant le feu à Rome pour jouir du spectacle d'un incendie gigantesque. On frémit encore au souvenir des ravages causés en Italie et en Afrique par la torche des Vandales; et chacun se dit : *C'étaient des barbares.* Mais comment qualifier l'acte de vengeance atroce accompli en plein XIXᵉ siècle, dans la capitale même du monde civilisé, par les insurgés de 1871 ? On est frappé d'épouvante et d'horreur au seul souvenir de toutes les ruines amoncelées par eux.

Le 18 mars 1871, Paris était tombé au pouvoir du comité central de la garde nationale. Le gouvernement de M. Thiers, ne voulant pas engager une action sanglante et définitive, dans un moment défavorable, en l'absence de l'armée régulière, encore prisonnière en Allemagne, avait pris le parti de se retirer à Versailles. Le personnel de tous les services administratifs l'y avait suivi. Pendant soixante-treize jours la capitale allait se trouver à la merci d'un certain nombre de bandits internationaux.

Nous n'avons pas à rechercher ici l'origine de la Commune, son organisation, son règne, ses principaux adhérents ; on trouvera à cet égard tous les renseignements désirables dans les procès-verbaux de la commission d'enquête sur les actes du gouvernement du 18 mars : nous avons à nous occuper seulement du dénouement de ce sinistre drame.

Pendant que la Commune essayait d'installer à Paris un simulacre de gouvernement, envoyait ses délégués dans les différents ministères, l'assemblée nationale, réunie à Versailles, avait fait appel à tous les dévouements. Le commandement en chef des troupes avait été confié au maréchal de Mac-Mahon, et les premiers engagements entre l'armée de Versailles et les fédérés commençaient dès le 1er avril. Nous n'avons pas à raconter toutes les péripéties de cette lutte, qui dura près de deux mois, ni les atrocités commises par la Commune après chacun de ses revers.

La subite irruption de nos soldats dans Paris, dans la soirée du dimanche 21 mai, produisit l'effet d'un coup de foudre parmi les défenseurs de la Commune. La plupart des chefs ne songeaient plus qu'à la fuite et se dispersaient dans la ville, abandonnant leurs postes de combat ou leurs ministères. C'était un désarroi complet.

La nuit rendit un peu de calme aux plus alarmés. Le lendemain, des proclamations placardées sur les murs de Paris essayaient, par des nouvelles mensongères, de relever le courage abattu des fédérés et appelaient aux barricades tous les *bons* citoyens. Une résistance désespérée s'organisait.

Les rues de Paris se trouvèrent bientôt hérissées de barricades, suivant un plan assez bien ordonné et formant en quelque sorte plusieurs enceintes concentriques en avant de l'hôtel de ville, de la Bastille et de la mairie du XIe arrondissement, où les insurgés, successivement chassés de leurs positions avancées, devaient reculer peu à peu.

Dans la journée du lundi 22 mai, la première ligne fortifiée, passant sur la rive droite par le Trocadéro, l'arc de triomphe, les boulevards de Courcelles, des Batignolles, de

Rochechouart, sur la rive gauche par le pont d'Iéna, l'avenue de la Bourdonnaie, les boulevards des Invalides et Montparnasse, et la gare de l'Ouest, était occupée par l'armée de Versailles après quelques combats relativement peu meurtriers. Les fédérés, abandonnés sans direction, sans vivres et sans solde, dispersés sur une trop vaste étendue de terrain, s'étaient empressés de se retirer vers l'intérieur de Paris.

C'est là qu'ils comptaient résister avec plus de succès. Ils avaient organisé défensivement la ligne des grands boulevards, la rue Royale, le ministère de la marine, la terrasse du jardin des Tuileries, le pont de la Concorde, le palais du corps législatif, la rue de Bourgogne et la rue de Varennes. Toutes les têtes de rues étaient barricadées. La barricade de la rue Saint-Florentin, et celle qui fermait le quai en prolongement de la terrasse des Tuileries, étaient particulièrement formidables.

Mais avant de pénétrer dans l'intérieur de cette ligne, il était nécessaire de s'assurer de l'importante position de Montmartre. L'occupation de la fameuse butte, qui avait vu éclore la Commune, fut le résultat d'un ensemble d'opérations accomplies dans la matinée du 23 mai. Vers une heure de l'après-midi, les colonnes d'attaque s'ébranlaient pour monter à l'assaut, et à trois heures le chef du pouvoir exécutif pouvait annoncer l'heureuse nouvelle de l'occupation :

« Le drapeau tricolore flotte sur la butte Montmartre et sur la gare du Nord : ces positions décisives ont été enlevées par les corps des généraux Clinchant et Ladmirault ; on a fait environ deux à trois mille prisonniers.

« Le général Douay a pris l'église de la Trinité et marche sur la mairie de la rue Drouot. Les généraux de Cissey et Vinoy se portent sur l'hôtel de ville et les Tuileries. »

On était en droit d'espérer que la lutte serait, sinon terminée, du moins très avancée le lendemain : on était loin de s'attendre aux désastres qui devaient suivre. Contraints de céder le terrain à l'armée de Versailles, les fédérés mirent le feu aux édifices qu'ils abandonnaient. Dans la nuit du 23 au 24, l'incendie se déclare sur plusieurs points à la fois; les flammes dévorent le palais des Tuileries. Ce fut un long cri de détresse dans toute la France : « Paris brûle ! Paris brûle ! Paris va devenir la proie des flammes ! il n'en restera pas pierre sur pierre ! »

« Je ne veux pas chercher à vous consoler, disait M. Thiers à l'assemblée en la séance du 24 mai, car je suis inconsolable moi-même du malheur qui vient de frapper notre pauvre pays. Avant tout, laissez-moi vous dire que l'insurrection est vaincue. Le drapeau tricolore flotte sur la plus grande partie de Paris; l'acte odieux de vandalisme, et sans exemple dans l'histoire, n'est qu'un acte de désespoir.

« Nous étions arrivés hier soir, 23, à l'Opéra, sur les hauteurs de Montmartre. Nous enveloppions la place Vendôme, les Tuileries, le Louvre. D'autre part, sur la rive gauche, le général de Cissey occupait la plupart des points et avait laissé du repos aux troupes qui avaient combattu toute la journée. Nos généraux ne voulaient pas non plus opérer de nuit dans une ville comme Paris. Quiconque a quelques notions de stratégie n'eût jamais donné un ordre pareil. D'ailleurs, quoi qu'on eût fait, les scélérats qui ont commis ces actes abominables en avaient conçu le projet, et il n'était au pouvoir de personne d'arrêter leurs mains. Les flammes s'élevaient d'abord sur les Finances, puis sur le conseil d'État et la cour des comptes.

« On ne pouvait rien en ce moment; les retranchements des insurgés étaient hérissés de canons, et, d'un autre côté, c'était le pétrole qui activait les flammes et qu'on ne pouvait éteindre. Ce matin, 24, les généraux ont fait tout ce qu'ils ont pu. Mais quand, la place Vendôme prise, ils prenaient les Tuileries, les Tuileries n'étaient plus qu'un monceau de cendres. Le général Douay s'est empressé de faire une coupure pour préserver le Louvre. Nous avons toute raison de croire que le Louvre est sauvegardé. Je reçois en ce moment une dépêche qui m'en donne la plus forte espérance. Le drapeau tricolore flotte sur le Louvre. Malheureusement

j'ai une nouvelle douleur à vous infliger malgré moi :
l'hôtel de ville est en flammes.

« Ces malheureux n'ont pas voulu lâcher leur victime,
la malheureuse ville de Paris; ils ne voulaient la laisser que
détruite. Nous serons maîtres de Paris ce soir; demain, au
plus tard, nous serons établis entièrement dans Paris : c'est
la conviction de tous nos généraux. L'insurrection est
vaincue. Nous avons la victoire, mais nous n'étions pas
maîtres de la main des scélérats. C'est avec le pétrole
qu'ils ont agi. Ils ont envoyé des bombes à pétrole contre
nos soldats. Il y en a quelques-uns qui ont été odieuse-
ment brûlés. »

Les prévisions de M. Thiers ne devaient malheureusement
pas se réaliser : la lutte allait durer plusieurs jours encore.
Non seulement les Tuileries et l'hôtel de ville, mais le palais
de justice, la préfecture de police, la Légion d'honneur, le
conseil d'État, le ministère des finances, le Palais-Royal, le
grenier d'abondance, l'entrepôt, d'autres monuments publics et des centaines de maisons particulières étaient des-
tinés à devenir la proie des flammes. Pendant plusieurs
jours Paris et ses environs furent couverts d'un nuage de
fumée épaisse, et une pluie de papiers à demi brûlés se
répandit au loin dans la campagne.

L'incendie de Paris ne fut pas un accident imprévu, le
résultat de la guerre des rues. M. Maxime du Camp, dans ses
Convulsions de Paris, a très bien démontré qu'il y avait eu
là détermination préconçue, discutée et arrêtée à l'avance.
L'ordre de brûler Paris le jour où l'on reconnaîtrait l'im-
possibilité de le défendre avait été expédié de Londres par
les chefs de l'Internationale. Le 20 mai, dans une séance
tenue à dix heures du soir, la Commune avait pris une déci-
sion à cet égard; et, le 24 mai, le comité de salut public, composé des citoyens Delescluze, Régère, Ranvier,
Johannard, Vésinier, Brunel, Dombrowski, lançait l'ordre
de brûler les principaux quartiers de Paris.

« Le citoyen Millière, à la tête de cent cinquante fuséens,

incendiera les maisons suspectes et les monuments publics de la rive gauche.

« Le citoyen Dereure, avec cent fuséens, est chargé du Ier et du IIe arrondissement.

« Le citoyen Billioray, avec cent hommes, est chargé des IXe, X^e et XIe arrondissements.

« Le citoyen Vésinier, avec cinquante hommes, est spécialement chargé des boulevards, de la Madeleine à la Bastille.

« Ces citoyens devront s'entendre avec les chefs des barricades pour assurer l'exécution de ces ordres. »

La révolution de 1793 avait eu ses *tricoteuses*, la Commune de 1871 eut ses *pétroleurs* et ses *pétroleuses*. Cette armée d'incendiaires, composée de repris de justice, de vagabonds, de femmes sans nom, était embrigadée depuis longtemps. Elle avait sa hiérarchie, ses instructions. Chaque escouade était chargée d'un quartier ; elle agissait en vertu d'ordres revêtus du timbre humide de la Commune, de celui du comité de salut public, du cachet du délégué à la guerre ; ou bien ses chefs collaient sur les maisons condamnées au feu des timbres mobiles portant au centre une tête de bacchante, et en exergue les lettres B. P. B. (bon pour brûler). Avant même l'entrée des troupes françaises, des précautions avaient été prises pour neutraliser les secours qu'on aurait pu porter aux incendies. N'ayant pas réussi à rassembler au Champ-de-Mars toutes les compagnies de sapeurs-pompiers afin de les éloigner du centre de la capitale et de les opposer à l'armée de Versailles, la Commune leur avait défendu expressément de sortir de leurs casernes. « Nous le brûlerons, votre chien de Paris ! » avait dit un révolutionnaire de 1848 ; les insurgés de 1881 ne firent qu'exécuter cette menace.

Bien plus, le comité de salut public avait conçu l'horrible idée de faire sauter la capitale. Les égouts, les sous-œuvres de nos édifices avaient été criblés de chambres de mine, et les excavations ainsi pratiquées avaient été chargées de poudre, de dynamite et de pétrole. Le Trocadéro, les

Ternes, le boulevard Malesherbes, la gare Saint-Lazare, les Invalides, l'église Sainte-Clotilde, la rue de Lille, la rue Saint-Dominique, Notre-Dame, devaient s'écrouler sous un jeu d'explosions formidables.

Si Paris échappa à une destruction complète, il le doit à la rapidité des mouvements de l'armée de Versailles. La Commune, surprise, déconcertée, n'eut pas le temps nécessaire pour mettre à exécution son sinistre projet. On découvrit à temps les fils conducteurs qui devaient mettre le feu aux poudres; et, grâce aux précautions prises, on put prévenir tout accident de ce côté : l'incendie seul continua ses ravages.

Une fois dans Paris, nos soldats s'empressèrent d'organiser les secours, de préserver les monuments qui n'avaient pas encore été atteints : ils eurent le bonheur d'en sauver un grand nombre. Les pompiers de la province s'empressèrent d'accourir à leur appel, tous les bons citoyens se joignirent à eux, et, le 28 mai, la révolte et l'incendie étaient vaincus, les portes de Paris ouvertes aux habitants qui avaient fui devant les fédérés. Ils s'empressèrent d'accourir en foule ; mais à chaque pas qu'ils font dans la capitale reconquise ils peuvent constater toute l'étendue du désastre.

« Dès le Point-du-Jour, en suivant la ligne des quais, commence la longue suite de toits effondrés, de murs abattus, de poutres noircies. A l'intérieur, la ville est encore debout; c'est par places que l'on trouve la marque terrible de cette révolte contre la civilisation et l'humanité. A droite, le ministère des affaires étrangères, criblé de boulets et de balles ; à gauche, le palais de l'Industrie, dont la toiture en vitraux a été brisée par les projectiles. De la place de la Concorde on voit au loin ce qui subsiste des Tuileries : des murs noircis avec leurs fenêtres béantes. Plus de toits; la fumée s'élève lentement au-dessus des décombres.

« La rue de Rivoli est barrée par les restes d'une barricade formidable ; les soldats empêchent les voitures d'y entrer, parce que le ministère des finances fume encore.

« La rue Royale presque tout entière est détruite. La barricade qui en défendait l'entrée se confond avec les pans de murailles écroulées qui la couvrent. Il faut aller par les Champs-Élysées retrouver la place de la Madeleine pour descendre jusqu'à la rue Saint-Honoré et à la rue Castiglione.

« La barricade qui, de ce côté, fermait la place Vendôme est ouverte. La foule se précipite vers le soubassement de la colonne. Elle était là ! Pendant trois quarts de siècle elle a rendu témoignage du génie de nos généraux, du courage de nos soldats. Il ne reste à présent que le socle ; les débris même ont disparu. La première ruine, après la place Vendôme, est le Palais-Royal ; puis on retrouve encore les Tuileries avec leurs pans de murailles qui paraissent énormes depuis qu'ils sont découronnés de leur toiture. Au loin, dans la rue de Rivoli, un nuage d'épaisse et lourde fumée désigne le lieu où s'élevait l'hôtel de ville.

« Le Louvre a été sauvé. Les tableaux, les antiques, sont encore dans les galeries. Les sauvages qui inondaient de pétrole les musées et les bibliothèques ont échoué au moins dans cette partie de leur tâche. Ils ont brûlé la bibliothèque et une partie des Gobelins ; mais le musée, la bibliothèque nationale, toutes les autres bibliothèques, les archives, le musée de Cluny, celui du Luxembourg, l'école des beaux-arts, l'Institut, la Sainte-Chapelle, tous ces trésors, toutes ces merveilles nous restent. Le Louvre porte sur son fronton, sur la façade de Jean Goujon, sur la partie extérieure de la salle d'Apollon, de nombreuses traces des boulets et des obus venus de Belleville ; mais pas une statue n'a été touchée, pas une toile n'est perdue, pas une figure de Jean Goujon n'est altérée.

« En remontant vers le ministère des affaires étrangères, il faut passer devant la rue du Bac, un cratère encore fumant, devant la caisse des dépôts et consignations, dont il ne reste que des pierres ; l'hôtel du quai d'Orsay est dans le même état. Voilà Paris ! Si le maréchal de Mac-Mahon et ses glorieux généraux avaient mis quatre jours de plus à conquérir cette ville immense, à anéantir ces hordes de brigands, que serait-il resté de tant de monuments, de tant de grandeurs, de tant de souvenirs? Où seraient ces livres, ces manuscrits, ces statues? Chaque heure de durée que Dieu laissait à l'insurrection anéantissait une des richesses de l'humanité, une de nos gloires nationales[1]. »

Toutefois la conservation de ce qui nous reste ne saurait nous consoler des désastres causés par l'incendie. On ne saura jamais exactement le nombre des innocents qui ont péri dans les flammes : combien d'enfants, de femmes et de vieillards ont été asphyxiés, calcinés, ensevelis dans les caves qui leur servaient de refuge! La disparition des registres de l'état civil de Paris depuis le XVIe siècle jusqu'en 1870, détruits par une fatalité inexorable en même temps à l'hôtel de ville et au palais de justice, jettera pour longtemps encore, malgré la reconstitution partielle qui en a été faite, le trouble et la confusion dans les familles. Les pertes matérielles ont été plus faciles à réparer. Conformément à la loi, qui met à la charge des communes les dégâts causés par l'émeute, la ville de Paris a dû indemniser les particuliers dont les immeubles avaient été incendiés. Mais quelque considérables qu'aient été les indemnités accordées, elles n'ont pu réparer complètement le préjudice causé.

Grâce aux sacrifices énormes que Paris s'est imposés, aux millions qu'il a ajoutés à sa dette déjà considérable, on a pu relever la façade de quelques-uns des monuments publics incendiés. Le Louvre, le Palais-Royal, la Légion d'honneur, ont repris leur ancien aspect. L'hôtel de ville, relevé de ses ruines, reparaît à la même place; on l'a remplacé plutôt qu'on ne l'a refait. C'est un monument nouveau, tous les souvenirs qui s'attachaient à l'ancien ont disparu avec lui.

Mais si les maisons particulières ont été réparées, si quelques monuments ont été restaurés ou remplacés, ne reste-t-il pas encore trop de témoins du vandalisme de la Commune? L'œuvre de Philibert Delorme ne montre-t-elle pas toujours ses murailles crevassées et noircies derrière lesquelles s'étaient abritées, après les rois de France, les assemblées révolutionnaires et l'empire?

[1] *Journal officiel* du 29 mai.

Les témoins sont encore là. Dieu veuille que la leçon profite, et que jamais Paris n'ait à subir une épreuve semblable !

XXI

CATASTROPHE DU BALLON *LE ZÉNITH*

(15 avril 1875)

Il y a bientôt un siècle que les premiers ballons ont été construits et se sont élevés dans les airs, au grand étonnement de la foule rassemblée. C'était une nouvelle conquête de la science ; depuis lors on n'a pas cessé de chercher à la perfectionner et à l'utiliser. Il s'est formé une véritable pléiade d'aéronautes, qui sont partis dans les airs à la découverte de mondes nouveaux. Personne n'a encore oublié les services qu'ils ont rendus pendant la guerre franco-allemende.

Toutefois cette navigation aérienne n'est pas exempte de dangers. L'année 1875 fut particulièrement néfaste pour les ballons et les aéronautes, et il fallut enregistrer deux accidents déplorables ; la catastrophe du ballon *l'Univers,* précipité d'une hauteur de 240 mètres environ par suite d'une déchirure dans la partie supérieure de l'enveloppe (8 décembre 1875), et la catastrophe beaucoup plus célèbre du *Zénith*.

Le jeudi 15 avril 1875, à midi, le ballon *le Zénith* partait de l'usine à gaz de la Villette, à Paris. Il était monté par MM. le capitaine Sivel, Crocé-Spinelli et Gaston Tissandier, trois intrépides aéronautes qui n'en étaient plus à leur premier voyage aérien.

L'ascension était faite dans un but purement scientifique, et l'Académie des sciences avait même contribué pour une large part aux dépenses qu'elle occasionnait. Il s'agissait de compléter les résultats obtenus dans un précédent voyage, en allant les répéter à une plus grande hauteur. M. Gaston Tissandier était chargé de doser l'acide carbonique que contient l'air dans les régions élevées. M. Crocé-Spinelli devait répéter ses observations spectroscopiques, et constater de nouveau l'absence de vapeur d'eau dans le soleil. M. Sivel avait la direction du ballon, se réservant d'aider ses compagnons dans leurs expériences.

Le ballon devait atteindre la plus grande altitude possible; les aéronautes avaient pris leurs mesures en conséquence. On sait, en effet, qu'à une hauteur de 5 à 6,000 mètres, l'air se raréfiant de plus en plus dans l'atmosphère, la respiration devient presque impossible, et l'asphyxie est inévitable. Pour conjurer ce danger, les trois intrépides savants emportaient avec eux des ballonnets de baudruche pleins d'oxygène, et il leur était facile, à la première atteinte d'asphyxie, de respirer à longs traits au moyen de becs en caoutchouc, semblables à des biberons.

Tout était donc parfaitement prévu, et rien ne faisait redouter une issue fatale à ce voyage, lorsque le lendemain matin, 16 avril, vers six heures, une dépêche vint annoncer à M. Albert Tissandier que le ballon s'était abattu dans le département de l'Indre, et que dans la nacelle on avait trouvé trois cadavres.

La nouvelle n'était pas absolument exacte; mais malheureusement il n'était que trop vrai que deux des explorateurs avaient succombé. Un seul, M. Gaston Tissandier, avait pu être rappelé à la vie. Le lendemain, il s'empressait d'adresser de Ciron au président de la Société française de navigation aérienne, sur la terrible catastrophe du *Zénith*, les émouvants détails qu'on va lire.

« Ciron (Indre), 16 avril 1875.

« Cher Monsieur,

« Un télégramme envoyé par voie officielle vous a appris l'épouvantable malheur qui nous a frappés. Sivel et Crocé-Spinelli ne sont plus. L'asphyxie les a saisis dans les hautes régions de l'air que nous avons atteintes. Je vous dirai ce que je puis savoir de ce drame; car pendant deux heures consécutives je me suis trouvé dans un état d'anéantissement complet. L'ascension, de l'usine à gaz de la Villette, s'est bien accomplie, et à une heure de l'après-midi nous étions à plus de 5,000 mètres.

« Nous avions fait passer l'air dans les tubes à potasse, tâté nos pulsations, mesuré la température intérieure du ballon, qui était de plus de 20°, tandis que l'air extérieur était de 5°; Sivel avait arrimé la nacelle; Crocé s'était servi de son spectroscope. Nous nous sentions tout joyeux.

« Sivel jeta du lest : bientôt nous montons tout en respirant de l'oxygène, qui produit un effet excellent.

« A une heure vingt minutes, le baromètre marque 320. Nous sommes à l'altitude de 7,000 mètres; la température est de 10° au-dessous de zéro. Sivel et Crocé sont pâles, et je me sens faible. Je respire de l'oxygène, qui me ranime un peu. Nous montons encore.

« Sivel se retourne vers moi, et me dit : « Nous avons « beaucoup de lest; faut-il en jeter? » Je lui réponds : « Faites ce que vous voudrez. » Il se tourne vers Crocé et lui fait la même question. Crocé baisse la tête avec un signe d'affirmation très énergique. Il y avait dans la nacelle au moins cinq sacs de lest; il y en avait quatre au moins pendus en dehors par des cordelettes. Sivel saisit son couteau et coupe successivement trois cordes. Les trois sacs se vident et nous montons rapidement.

« Je me sens tout à coup si faible, que je ne peux même pas tourner la tête pour regarder mes compagnons, qui, je crois, se sont assis. Je veux saisir le tube à oxygène, mais il m'est impossible de lever le bras. Mon esprit était encore très lucide. J'avais les yeux sur le baromètre, et je vois l'aiguille passer sur le chiffre de la pression 290, puis 280, qu'elle dépasse. Je veux m'écrier : « Nous sommes à 8,000 mètres ! » mais ma langue est comme paralysée. Tout à coup je ferme les yeux et je tombe inerte, perdant absolument le souvenir. Il était environ une heure et demie.

« A deux heures huit minutes, je me réveille un moment ; le ballon descendait rapidement ; j'ai pu couper un sac de lest pour arrêter la vitesse, et écrire sur mon registre de bord les lignes suivantes que je recopie :

« Nous descendons. Température 8°. Je jette lest ; pres« sion 314. Nous descendons. Sivel et Crocé encore éva« nouis au fond de la nacelle. Descendons très fort. »

« A peine ai-je écrit ces lignes qu'une sorte de tremblement me saisit ; et je retombe évanoui encore une fois. Je ressentais un vent violent qui indiquait une descente très rapide.

« Quelques moments après je me sens secouer par les bras, et je reconnais Crocé, qui s'est ranimé. « Jetez du « lest, me dit-il, nous descendons. » Mais c'est à peine si je puis ouvrir les yeux, et je n'ai pas vu si Sivel était réveillé.

« Je me rappelle que Crocé a détaché l'aspirateur, qu'il a lancé par-dessus bord, et qu'il a jeté du lest, des couvertures, etc.

« Tout cela est un souvenir confus qui s'éteint vite, car je retombe dans mon inertie plus complètement encore qu'auparavant, et il me semble que je m'endors d'un sommeil éternel.

« Que s'est-il passé ? Je suppose que le ballon délesté, imperméable comme il l'était, et très chaud, a remonté encore une fois dans les hautes régions.

« A trois heures quinze environ, je rouvre les yeux ; je me sens étourdi, affaissé, mais mon esprit se ranime. Le ballon descend avec une vitesse effrayante ; la nacelle est balancée avec violence et décrit de grandes oscillations. Je me traîne sur les genoux, et tire Sivel par le bras ainsi que Crocé.

« Sivel! Crocé! m'écriai-je, réveillez-vous!... »

« Mes deux compagnons étaient accroupis dans la nacelle, la tête cachée sous leurs manteaux. Je rassemble mes forces et j'essaye de les soulever. Sivel avait la figure noire, les yeux ternes, la bouche béante et remplie de sang. Crocé avait les yeux fermés et la bouche ensanglantée.

« Vous dire ce qui se passa alors est impossible. Je ressentais un vent effroyable de bas en haut. Nous étions encore à 6,000 mètres d'altitude.

« Il y avait dans la nacelle deux sacs de lest que j'ai jetés. Bientôt la terre se rapproche; je veux saisir mon couteau pour couper la cordelette de l'ancre. Impossible de le retrouver! J'étais comme fou, et je continuai à appeler.

« Par bonheur j'ai pu mettre la main sur un couteau et détacher l'ancre au moment voulu. Le choc à terre fut d'une violence extrême. Le ballon sembla s'aplatir, et je crus qu'il allait rester en place; mais le vent était violent et l'entraîna. L'ancre ne mordait pas, et la nacelle glissait à plat sur les champs. Les corps de mes malheureux amis étaient cahotés çà et là, et je croyais à tout moment qu'ils allaient tomber de la nacelle. Cependant j'ai pu saisir la corde de soupape, et le ballon n'a pas tardé à se vider, puis à s'éventrer contre un arbre. Il était quatre heures.

« En mettant pied à terre, j'ai été saisi d'une surexcitation fébrile violente; et bientôt je me suis affaissé en devenant livide. J'ai cru que j'allais rejoindre mes amis dans l'autre monde.

« Cependant je me remis peu à peu. Je suis allé auprès de mes malheureux compagnons, qui étaient déjà froids et crispés. J'ai fait porter leurs corps à l'abri dans une grange voisine. Les sanglots m'étouffaient et m'étouffent encore.

« Je suis à Ciron, près le Blanc (Indre), où j'ai trouvé l'hospitalité la plus parfaite.

« J'ai eu la fièvre toute la nuit; je n'ai pas encore pu manger quoi que ce soit, et je suis bien faible.

« Je vous embrasse.

« GASTON TISSANDIER. »

Quoique la nécrologie de la navigation aérienne soit déjà longue, on n'avait jamais eu à déplorer la mort de deux aéronautes dans la même catastrophe, depuis l'incendie du ballon de Pilâtre. MM. Sivel et Crocé-Spinelli, qui moururent ainsi victimes de leur dévouement à la science, n'en étaient point à leur première ascension. M. Sivel en était à sa cent cinquante-deuxième. Il avait une telle expérience de ces voyages aériens, qu'ils étaient devenus pour lui comme des parties de plaisir. Marin intrépide, M. Sivel avait fait, comme capitaine au long cours, deux ou trois fois le tour du monde. Au moment de la guerre franco-allemande, il était accouru mettre son épée au service de la patrie menacée. Puis, amoureux de la science, il avait abandonné la mer pour les airs, et était devenu en quelque sorte le pilote attitré de toutes les expéditions aériennes de quelque importance. Veuf depuis quelques années, le capitaine Sivel avait trente-huit ans lorsque la mort le frappa; il laissait orpheline une petite fille de cinq ans.

L'ingénieur Crocé-Spinelli avait sept années de moins que le capitaine Sivel, et n'était pas marié. Non moins épris de la science que son ami, il avait écrit sur la navigation aérienne des articles fort estimés.

Tous deux trouvèrent ainsi dans la catastrophe du *Zénith* une mort prématurée, mais glorieuse; leurs noms méritent de passer à la postérité.

XXII

EXPLOSION DE FEU GRISOU
AU PUITS JABIN, PRÈS DE SAINT-ÉTIENNE (LOIRE)
ET A FRAMERIES, PRÈS DE MONS (BELGIQUE)

(Février 1876 et avril 1879)

De tous les gaz qui se produisent dans les mines, l'hydrogène protocarboné, désigné par les ouvriers sous les noms de *grisou, brisou, terrou,* est celui qui donne lieu aux plus graves accidents. Quand il n'est pas mélangé d'au moins deux fois son volume d'air, il suffit pour asphyxier les mineurs; mais ce qui le rend surtout dangereux, c'est sa propriété de s'enflammer au contact des lampes d'éclairage, et de détoner lorsqu'il est mêlé dans certaines proportions avec l'air atmosphérique.

Les explosions de grisou, les *coups de feu,* comme disent les mineurs, sont très fréquents dans les houillères : il n'est, pour ainsi dire, pas d'année où l'on n'ait à déplorer quelque catastrophe. Pour ne parler que des plus récentes, signalons l'explosion de feu grisou qui eut lieu, le 10 novembre 1875, dans les mines de la vieille Marikaye, près de Liège, et qui coûta la vie à 43 ouvriers; celle du puits Jabin, près Saint-Étienne, en février 1876; celle des mines de High-Blantyre, en Écosse, du 23 octobre 1877, qui fit environ 200 victimes; enfin celle de l'Agrappe, à Frameries, près de Mons en Belgique, en avril 1879. Les deux catastrophes du puits Jabin et de Frameries eurent en France le plus grand retentissement.

Depuis longtemps le puits Jabin était réputé comme l'un des plus dangereux des mines de Saint-Étienne et du département de la Loire; on le désignait sous le nom de *mangeur d'hommes.* Des explosions nombreuses s'y étaient

Mineurs tués par le grisou.

déjà produites; et 120 malheureux y avaient déjà été
ensevelis le 8 novembre 1871, lorsque le vendredi 4 février 1876, à deux heures de l'après-midi, une détonation sourde fut entendue à Saint-Étienne, pareille à un
coup de canon tiré dans le lointain; c'était une nouvelle
explosion de feu grisou au puits Jabin.

La mine du Treuil, située aux portes de Saint-Étienne,
a deux orifices ou deux puits : le puits Jabin et le puits
Saint-François ou Gagne-Petit. L'arrivée d'air a lieu par le
puits Jabin; le retour d'air par Saint-François, où fonc-
tionne un ventilateur. Environ 216 ouvriers étaient occupés dans le puits au moment où se produisit la détonation. En quelques instants les abords de la mine furent
couverts d'une foule énorme, composée surtout des femmes
et des enfants des mineurs, et poussant des cris lamentables.

La triste nouvelle se répandit avec la rapidité de la
foudre dans Saint-Étienne, et le préfet, le maire et les
principales autorités de la ville s'empressèrent d'accourir.
Les ingénieurs, les aides-mineurs, furent admirables de
courage et de sang-froid. Prenant à peine le temps de re-
vêtir le costume de toile bleue et le chapeau de mineur,
sans redouter le danger, ils descendirent résolument pour
organiser les secours. Ils réussirent à sauver 24 ouvriers;
mais tous leurs compagnons étaient morts. On retira leurs
cadavres horriblement brûlés et mutilés, méconnaissables.
On dut même à plusieurs reprises interrompre le déblaiement, dans la crainte de nouvelles explosions et d'éboulements. Le chiffre des victimes eût été plus considérable
encore sans une circonstance providentielle : les jeunes
gens du quartier tiraient au sort le jour où l'explosion eut
lieu, si bien qu'il n'était descendu dans la mine ce jour-là
que 216 ouvriers, au lieu de 240.

Les funérailles des victimes dont les cadavres avaient été
reconnus furent célébrées le 7 février, à dix heures du
matin, au milieu d'un concours immense de population,
dans l'église du quartier du Soleil, située à quelques pas

de la gare de Saint-Étienne. La plupart des victimes appartenaient à ce quartier. Mgr Thibaudier, évêque auxiliaire de Lyon, vint faire la levée des soixante-dix cercueils rangés dans la cour de l'hospice des mines, et prononça quelques mots de suprême consolation, au milieu des sanglots et des gémissements d'une foule pressée de veuves et d'orphelins. Au cimetière, M. de Blignières, préfet de la Loire, et le général d'Abzac, aide de camp du maréchal de Mac-Mahon, dirent le dernier adieu aux malheureux mineurs. C'était un spectacle émouvant que ces soixante-dix cercueils au bord des tombes entr'ouvertes, cette foule recueillie accourue de tous les points du département, ces familles en deuil contenant leur émotion pour entendre les dernières paroles adressées aux amis et aux parents qu'ils ne devaient plus revoir. La neige, qui tombait à flocons serrés, ajoutait encore à la sombre tristesse du tableau. Les témoins de cette lugubre cérémonie ne l'oublieront jamais.

Malheureusement ce triste drame allait se renouveler, trois années plus tard, dans les houillères de la Belgique. Le charbonnage de l'Agrappe, à Frameries, près de Mons en Belgique, est connu comme un des plus dangereux du pays. Vers 1850 environ, une explosion de feu grisou, occasionnée par l'imprudence de quelques ouvriers, causa la mort d'un grand nombre de victimes : 750 ouvriers se trouvèrent enfermés au fond des travaux. Après quatre jours, on parvint à sauver la moitié de ceux qui avaient été surpris au fond de la mine, mais les autres y demeurèrent ensevelis à jamais.

A la suite de cette catastrophe, on avait abandonné provisoirement l'exploitation de cette mine; les travaux ne furent repris que plus tard. En 1875, 118 mineurs y trouvèrent encore la mort; et les travaux étaient repris depuis quelques mois à peine, lorsque le 18 avril 1879, un nouveau coup de grisou vint se produire à ce même puits de l'Agrappe. La première explosion eut lieu vers sept heures et demie du matin, après la descente de tous les ouvriers. Des détonations successives se firent ensuite entendre jusqu'à midi ; à chaque explosion, des lambeaux de vêtements étaient lancés hors du puits, et les secousses étaient tellement violentes , qu'elles se faisaient sentir jusqu'à Mons. Les flammes, raconte un témoin oculaire, sortaient à plus de cinquante mètres de hauteur hors de la bure, détruisant tous les bâtiments qui se trouvaient à leur portée.

Il fallut attendre que l'incendie se fût un peu apaisé pour porter secours aux malheureux mineurs. Les ingénieurs conservaient peu d'espoir. D'après les calculs les plus exacts, 212 ouvriers devaient se trouver dans les galeries intérieures au moment de l'explosion : combien allaient en sortir vivants? Le soir, un peu après six heures, un premier mineur apparut à l'entrée de la mine, suivi immédiatement de deux autres. Rien ne peut donner une idée de la joie des braves ouvriers qui travaillaient au sauvetage, et de l'espoir qui se répandit parmi la foule massée dans la rue lorsqu'on lui communiqua la nouvelle. Les gendarmes ne pouvaient plus la contenir; elle enfonçait la grande porte et envahissait les ruines du charbonnage, se précipitait vers le puits d'extraction et vers les bureaux ; elle ne pouvait croire à la nouvelle ; il lui fallait une confirmation officielle, qui lui fut bientôt donnée par les ingénieurs, et mieux encore par les hommes, les femmes, les enfants, qui sortaient de la fosse sains et saufs.

Quatre-vingt-sept ouvriers remontèrent ainsi successivement ; deux seulement succombèrent par suite de leurs blessures. On put retirer également du fond de la mine quelques cadavres; mais cette catastrophe n'en coûta pas moins la vie à 125 personnes. Comme toujours, la charité publique s'ingénia pour soulager les misères causées par le sinistre. On donna des fêtes en leur faveur; le roi Léopold leur envoya des secours; la Société des charbonnages belges décida que pendant six mois le salaire des victimes serait compté à leur famille; mais qui rendra aux mères leurs enfants, aux femmes leurs maris, aux orphelins leurs parents?

XXIII

CATASTROPHE DE LA RUE BÉRANGER A PARIS

(14 mai 1878)

La plupart des grandes catastrophes ont pour cause une force naturelle contre laquelle il est impossible à l'homme de lutter : les éruptions, les volcans, les tremblements de terre, les cyclones, les inondations appartiennent à cette première catégorie. Mais il existe d'autres catastrophes provenant de l'imprudence ou plutôt de la témérité de l'homme. Par des découvertes successives, l'homme est parvenu en quelque sorte à dompter les éléments et à les tourner à son utilité,.mais l'œuvre humaine est nécessairement incomplète, et les inventions nouvelles se retournent parfois contre leurs inventeurs. Les naufrages, les accidents de chemin de fer, n'ont d'autres causes que l'imprudence ou la témérité. De même ces explosions de substances diverses employées dans l'industrie. Que de victimes les explosions de poudre, de dynamite, de picrate, n'ont-elles pas faites !

Le mardi 14 mai 1878, vers huit heures du soir, au n° 22 de la rue Béranger, entre le passage Vendôme et les magasins du Pauvre-Jacques, à Paris, une terrible explosion retentit, suivie d'un bruit sourd effrayant ; toute la maison, haute de cinq étages, venait de s'écrouler à l'intérieur, entraînant avec elle la plus grande partie de la façade jusqu'à la hauteur du premier étage, et ensevelissant sous les décombres la plus grande partie des habitants. A la suite de la détonation, le feu commença aussitôt à consumer les débris.

L'effet de la commotion fut terrible. Toutes les vitres des

maisons voisines, et, en face, toutes les glaces des magasins du Pauvre-Jacques, volèrent en éclats. Un cocher
qui passait en ce moment dans la rue fut tué ainsi que son
cheval. Quelle était la cause de cette catastrophe si subite et
si imprévue ? L'explosion de petites amorces de pistolets fa-
briquées par la maison Blanchon, dont l'usine se trouvait à
Vanves et le dépôt à Paris rue Béranger, sous la surveillance
de M. Matthieu. Mais on n'a jamais su d'une façon exacte si
ces amorces, dites *inoffensives*, avaient à elles seules causé
ce désastre, ou s'il existait à ce moment dans la maison
Blanchon quelque autre matière explosible.

La maison était effondrée, le feu consumait les décombres
et menaçait les immeubles voisins ; il fallait en toute hâte
organiser des secours. Le préfet de police, les officiers de
paix, les commissaires, les sergents de ville, la troupe et
les pompiers furent bientôt sur les lieux. C'était un spectacle poignant que cette masse de décombres en proie aux
flammes, d'où l'on essayait d'arracher les victimes, les unes
blessées, les autres mortes. Dès le soir à neuf heures, on
comptait déjà près de cinquante personnes, hommes, femmes
et enfants, que l'on transportait chez les pharmaciens et
dans les hôpitaux. On ne voyait partout que brancards et
tapissières garnis de matelas, sur lesquels on emportait les
morts et les blessés à mesure qu'on les tirait des décombres. Pendant ce temps, les pompiers essayaient d'é-
teindre l'incendie afin de permettre l'approche de ces ruines
brûlantes. La foule devenait de plus en plus nombreuse,
on fut obligé d'interrompre la circulation et de défendre
l'entrée de la rue.

A neuf heures dix minutes, une nouvelle explosion, produite sans doute par le gaz, vint de nouveau jeter l'effroi
dans le quartier, mais sans faire de nouvelles victimes.
Pendant toute la nuit jusqu'à quatre heures du matin, il
fallut employer les pompes sans relâche. A cette heure ma-
tinale, la foule des curieux s'était retirée depuis longtemps ;
il ne restait plus que les pompiers allant et venant autour
des décombres, suivis par le regard anxieux de quelques

malheureux qui craignaient de voir surgir des fouilles le cadavre d'un parent ou d'un ami.

Les travaux de déblaiement ne purent guère commencer que le lendemain 15 mai, vers cinq heures du soir, une fois l'incendie complètement éteint et les maisons voisines étayées. La maison du n° 22 ne formait qu'un amas de plâtre, de poutres et de charbon ; le n° 20 était tellement endommagé, qu'il fallait l'abattre, et le n° 24 et les maisons d'en face étaient profondément lézardées.

Pendant la journée, les principaux chefs du gouvernement, M. le ministre de l'intérieur, le préfet de police et le président de la république se succédèrent sur le lieu du sinistre.

Les travaux de déblaiement ne purent marcher que lentement et durèrent plus de huit jours. On découvrit successivement quatorze cadavres. Les cadavres de Mme Matthieu, la femme du gérant de la maison Blanchon, et de leur bonne furent découverts les derniers. Quant au gérant lui-même, il était absent de sa maison au moment de la catastrophe.

Dans la journée du dimanche 19 mai, les travaux de déblaiement, continuant toujours, amenèrent la découverte d'une main, puis d'un corps entier dans un état de décomposition complète. Au doigt du cadavre se trouvait une bague en or, de forme ronde, avec une pierre noire. Présentée par le juge d'instruction au gérant, M. Matthieu, qui était toujours là soutenu par un parent en attendant qu'on découvrît le cadavre de sa femme, ce dernier déclara que cette bague n'appartenait pas à sa femme : on supposa qu'elle appartenait à la malheureuse bonne.

Ce fut seulement le lundi 20, vers midi, qu'on découvrit le cadavre de Mme Matthieu. Il était couché sur le dos et les bras étendus de chaque côté du corps, dans le coin à droite du magasin, là où se trouvait un bureau sur lequel tous les soirs elle mettait sa comptabilité à jour. Elle avait donc été surprise par la catastrophe au moment où elle se livrait à son travail habituel.

Le mardi 21 mai, un service religieux fut célébré pour les victimes de l'explosion à l'église Sainte-Élisabeth. Une foule immense stationnait devant l'église, trop petite pour la contenir. Une souscription ouverte à la mairie du IIIe arrondissement produisit en quelques jours près de cent mille francs, et permit de soulager un peu les infortunes qu'avait fait naître la catastrophe.

Quant aux pertes matérielles, elles s'élevaient, d'après une expertise sommaire, à deux millions et demi, mais elles étaient en grande partie couvertes par les compagnies d'assurances.

XXIV

ABORDAGE DE LA *PRINCESSE-ALICE* PAR LE *BYWELL-CASTLE*

(3 septembre 1878)

Il faudrait plusieurs volumes pour raconter les catastrophes célèbres dont la mer a été le théâtre. Sans parler des naufrages de l'antiquité, ni même de ceux du moyen âge, le XIXe siècle à lui seul en a fourni un trop grand nombre pour que nous puissions simplement les signaler. Des statistiques récentes accusent pour l'univers entier une perte annuelle d'environ trois mille bateaux et vaisseaux de tout tonnage, tant à voile qu'à vapeur, et la mort d'environ deux mille naufragés.

La seconde partie du XIXe siècle fournira, elle aussi, son contingent à ces lugubres récits : tempêtes, abordages, incendies, telles sont les causes de ces catastrophes qui se succèdent avec une rapidité effrayante.

Le 24 août 1848, un transport d'émigrants, l'*Ocean-Monarch*, fait naufrage dans la baie d'Abergele ; 178 personnes sont noyées.

Parmi les navires qui se sont perdus par suite de l'ouragan

du 28 février 1849, on cite une barque d'émigrants allemands, la *Florida*, dont la perte entraîna la mort de 174 individus. La même année, le steamer *Europa* coule un bateau portant 132 émigrants ; et le vapeur irlandais *Maugerton* abordant la *Joséphine Willis*, un clipper de la Nouvelle-Zélande, le fait sombrer avec 69 personnes.

Le 4 janvier 1852, l'*Amazone* brûle dans la baie de Biscaye : 102 morts sur 161 personnes à bord. Le 26 février, 438 soldats de l'armée anglaise disparaissent avec le *Birkenleoliti*, au cap de Bonne-Espérance. L'armée américaine fut presque aussi éprouvée l'année suivante, en décembre 1853, par la perte de 300 hommes de troupe enlevés par la tempête ou morts de fatigues et de privations à bord du *San-Francisco*. Le 29 septembre de cette même année, l'*Anna-Jane*, de Liverpool, à destination du Canada, avec 450 émigrants et 45 hommes d'équipage, avait été jetée à la côte de l'île de Barra, une des Hébrides, et 393 personnes avaient péri.

Le 21 janvier 1854, le *Taylor*, encore un navire d'émigrants, est jeté à la côte à l'île de Lambay, près de Howth, et perd 290 personnes. Il se produisit du reste, pendant cette même année, une véritable série de collisions. L'*Ercolano*, bateau-poste italien, quitte Gênes le 24 août, ayant à son bord de nombreux passagers ; à minuit, ce navire est coupé en deux par la *Sicilia* : 14 passagers purent se sauver ; parmi eux, sir Robert Peel, dont le secrétaire, ainsi que M. Ch. Hasley, membre du parlement anglais pour le comté de Hertford, furent noyés. Le 28 avril, *Favorite*, une barque d'émigrants de Brême, sombre avec 201 personnes. Six hommes de l'équipage parviennent seuls à se sauver en s'accrochant aux débris du navire.

Le 27 septembre, toujours la même année, l'*Artic*, un magnifique steamer de la ligne de Collins, est abordé par le vapeur à hélice *Valsa*, au milieu d'un brouillard épais, aux environs de Terre-Neuve, et des 368 personnes qui étaient à bord, 323 périrent ; parmi les morts se trouvait le duc de Grammont.

Viennent ensuite les naufrages de la *City of Glasgow*, steamer à hélice, avec 480 personnes à bord, et du transport *Lady Nugent*, avec 400 passagers. Jamais on n'entendit parler de ces deux navires, qui périrent corps et biens. Il en fut de même du navire la *Sémillante*, qui portait en Crimée 800 hommes de troupes françaises, et se perdit à l'entrée du détroit de Bonifacio.

Toute cette horrible série de catastrophes est, pour ainsi dire, éclipsée par l'incendie du steamer *Austria*, qui eut lieu entre Hambourg et New-York, le 13 septembre 1858. Sur 528 personnes à bord, 461 furent brûlées ou noyées.

Dans la terrible tempête du 30 avril 1859, le *Royal-Adelaide*, bateau-poste faisant le service entre Cork et Londres, coule à pic près de Margate, avec 260 matelots et passagers. Deux jours auparavant, un transport d'émigrants, la *Pomone*, avait éprouvé le même sort sur la côte de Wexford, avec 386 personnes. Le 26 octobre de la même année, un clipper australien, le *Royal-charter*, fut broyé comme du verre sur les récifs de la côte d'Anglesea : 459 individus, hommes et enfants, furent noyés ; 40 personnes parvinrent à gagner le rivage.

En juillet 1862, le *Golden-Gate*, dans la traversée de San-Francisco à Panama, fut détruit par l'incendie : 204 passagers sur 338 furent brûlés ou noyés. Le 7 septembre 1863, sur le lac Michigan, le bateau à vapeur *Lady Elgin*, parti de Chicago avec 400 excursionnistes, fut coulé en moins d'un quart d'heure par un schooner, et 285 personnes périrent.

On affirme généralement que depuis la découverte de la navigation à vapeur la baie de Biscaye a cessé d'être dangereuse, et cependant, le 11 janvier 1866, le vapeur le *London*, se rendant en Australie, s'y perdit presque corps et biens, puisque sur 258 personnes à bord 239 ne reparurent jamais.

Le naufrage du *Capitaine*, au cap Finistère, dans la nuit du 7 septembre 1870, avec 500 officiers et matelots, est une des plus épouvantables catastrophes qui aient frappé la marine anglaise depuis un demi-siècle. Au mois d'octobre suivant, le magnifique steamer à hélice *Cambria* se perdait près de l'île d'Inistrahall, sur la côte nord de l'Irlande. Un seul matelot échappa au naufrage, qui coûta la vie aux 170 personnes qui se trouvaient à bord.

L'année 1878 fut particulièrement funeste à la navigation. C'est d'abord le naufrage du *Northfleet,* un navire d'émigrants qui, étant à l'ancre en dehors de Dungeness, la nuit du 22 janvier 1873, fut coupé en deux par le vapeur espagnol le *Murillo :* 293 personnes furent noyées. Le nombre des morts, avec l'*Atlantic,* est encore plus effrayant. Ce navire toucha, le 1er avril 1873, près de la côte de la Nouvelle-Écosse. Il y avait à bord 931 personnes; la mer en emporta 481. Enfin, dans la nuit du 22 novembre 1873, le transatlantique français la *Ville-du-Havre,* revenant de New-York, fut abordé par le trois-mâts anglais le *Loch-Earn,* qui, frappant le vapeur français par son travers, y pratiqua une ouverture d'au moins cinq mètres. L'eau s'engouffra dans le navire, et en moins de douze minutes la *Ville-du-Havre* disparut dans les flots. Sur 313 passagers et marins qui se trouvaient à bord, 226 trouvèrent la mort.

Terminons cette lugubre nomenclature par quelques détails sur le naufrage de la *Princesse-Alice,* une des plus récentes et des plus épouvantables catastrophes qui se soient produites durant ces dernières années. La *Princesse-Alice* était un des plus grands steamers à salons du *London Steam Packet Company.* Ce fut sur ce bateau qu'en 1873 le schah de Perse et sa suite descendirent la Tamise jusqu'à l'hôtel des Invalides de la marine anglaise, à Greenwich. A cette occasion le navire avait été peint en blanc et magnifiquement décoré : on avait peint sur ses tambours le lion et le soleil de Perse, et pendant quelques années on ne l'appela que le navire du schah.

Le 3 septembre 1878, vers dix heures du matin, la *Princesse-Alice* quittait Londres pour une excursion à Gravesend, à l'embouchure de la Tamise, ayant environ 800 personnes à bord. Le temps était magnifique, et le soir, vers six heures, les excursionnistes quittaient Gravesend pour revenir à Londres après une délicieuse journée de plaisir. La *Princesse-Alice* arrivait vers huit heures en vue de l'arsenal royal de Woolwich, lorsque le *Bywell-Castle,* un vapeur à hélice qui allait chercher du charbon à Newcastle, fut aperçu venant en sens inverse.

Les deux steamers occupaient le milieu du fleuve, ayant dépassé les gazomètres de la ville de Londres à Beckton et un peu au-dessous de North-Woolwich. Malgré les cris partant des deux navires et avertissant l'un et l'autre de se déranger, le *Bywell-Castle* vint aborder le steamer des excursionnistes, et le coupa, pour ainsi dire, en deux, par tribord, un peu au-dessus des tambours. Quelques passagers sautèrent sur l'avant du *Bywell-Castle,* mais presque tous se réfugièrent à l'arrière de la *Princesse-Alice.* Pendant quelques instants ce fut une scène indescriptible. Au fur et à mesure que l'avant du steamer s'enfonçait sous l'eau, les clameurs devenaient de plus en plus déchirantes. Impossible de sauver ces malheureux : on eut à peine le temps de lancer à l'eau les quelques canots et les douze à quinze bouées qui se trouvaient à bord de la *Princesse-Alice.* Le steamer disparaissait avec une vitesse incroyable, et, cinq minutes après la collision, sombrait complètement.

Sur une largeur de cent mètres, la Tamise était pleine de malheureux qui se noyaient et poussaient des cris désespérés en demandant du secours. Quelques canots et le *Duc-de-Teck,* vapeur appartenant à la même compagnie que la *Princesse-Alice,* s'empressèrent de se rapprocher du lieu du sinistre ; ils ne réussirent qu'à sauver quelques personnes et à recueillir les cadavres des noyés.

Jusqu'à une heure avancée de la nuit on continua de repêcher des cadavres et de les apporter dans la grande salle de la compagnie des steamers, transformée en une gigantesque morgue. Les officiers de police faisaient ranger les morts et placer des étiquettes sur la poitrine de ceux dont on avait pu constater l'identité.

A la nouvelle du sinistre, toute la population de Woolwich se précipita sur les bords du fleuve pour porter secours aux naufragés. Environ 25 passagers furent déposés sains et saufs sur la côte nord du fleuve, près de Beckton. L'un des survivants, William-Alexandre Law, second maître d'hôtel à bord de la *Princesse-Alice*, fit alors l'émouvante déposition qu'on va lire :

« Nous avons quitté Gravesend à six heures du soir, raconte-t-il. Au moment de la collision, j'étais dans le salon, où se trouvaient environ quinze personnes. Il était, autant que je puis me rappeler, huit heures moins un quart lorsque j'entendis un craquement. Il n'était pas très fort la première fois, et je disais à la femme de service : « Il doit « y avoir quelque barque le long du bord, » lorsque j'entendis immédiatement un autre craquement. Je courus sur le pont, et, au milieu de la confusion et des cris des passagers, j'entendis l'eau s'engouffrant dans le navire, et je compris que nous sombrions. Je me précipitai à l'entrée de l'escalier du salon, et je criai : « Venez tous sur le pont, nous sombrons ! »

« Jamais je n'oublierai la scène qui se passa à ce moment sur le pont. Je courus à une jeune fille qui était venue avec moi. Je la pris sur mes épaules, et étant bon nageur, je m'élançai par-dessus bord, et, je nageai vers le rivage. Mais dans le trajet ma pauvre compagne glissa de mes épaules et fut emportée par une vague. Je plongeai plusieurs fois sans pouvoir la retrouver. Un instant après, je vis un gentleman qui se noyait. Je pus le saisir et le soutenir sur l'eau jusqu'au moment où on nous repêcha tous les deux. »

Le spectacle des différentes salles où les cadavres étaient transportés était navrant. Impossible de décrire le désespoir de ceux qui venaient dans ces salles pour retrouver les parents et les amis qu'ils croyaient avoir perdus. Pour faciliter les reconnaissances, on fut obligé de transporter les cadavres aux docks de Woolwich ; on retirait ensuite au fur et à mesure ceux qui étaient reconnus.

Le lendemain de la catastrophe, il y avait 100 cadavres

retrouvés. Les recherches continuèrent les jours suivants, et on retira ainsi successivement jusqu'à 279 cadavres, sur 650 passagers et matelots qui avaient disparu.

Il fallut également songer à relever les débris du steamer naufragé. La *Princesse-Alice,* coupée en deux, gisait au fond de la Tamise. On parvint à placer des chaînes sous les deux parties du navire, et on put ainsi les soulever successivement et les ramener sur la rive. En voyant l'état du navire, les autorités maritimes reconnurent que la *Princesse-Alice* était réglementairement dans ses eaux, et que la responsabilité du désastre incombait au *Bywell-Castle.* Cependant le capitaine de ce dernier navire, M. Thomas Harrison, prétendit dans sa déposition que la *Princesse-Alice* était bien dans sa route, mais qu'à deux cents mètres elle changea sa direction et vint se jeter au-devant du *Bywell-Castle.* Le capitaine de la *Princesse-Alice,* William Grinstead, et presque tout son équipage étaient parmi les morts. Impossible, en conséquence, de connaître toute la vérité. Du reste, en pareille occurrence, les règles de la navigation sont généralement oubliées. Des deux côtés il y a confusion, chacun cherche à se sauver, et c'est le plus fort qui détruit l'autre.

XXV

INONDATIONS A SZEGEDIN (HONGRIE) ET A MURCIE (ESPAGNE)

(Mars et octobre 1879)

Nous avons vu, à propos des cyclones de l'Inde, quels pouvaient être les effets désastreux du vent; mais ces effets ne se font guère sentir en Europe. Il n'est, pour ainsi dire, pas d'année, au contraire, où nous n'ayons à déplorer quelque catastrophe causée par le débordement d'un fleuve. L'histoire des inondations de la Loire et des malheurs que ces inondations ont entraînés serait longue à faire. Les inondations du midi de la France, à Toulouse et dans les environs, en juillet 1875, sont devenues célèbres, et un peintre contemporain, M. Roll, leur a consacré un de ses meilleurs tableaux. Mais il en est d'autres qui ont eu dans toute l'Europe un plus grand retentissement : ce sont les inondations de Szegedin en Hongrie, et de Murcie en Espagne.

La ville de Szegedin est située sur la Theiss, à sa jonction avec le Maras, à quatre-vingt-neuf milles de Pesth, à laquelle elle est reliée par un chemin de fer. C'est une place importante, qui fut pendant quelque temps, en 1849, le siège du gouvernement révolutionnaire et de l'assemblée nationale de Hongrie. Sa population, composée en grande partie de Madgyars et de Slaves, était en 1826 de 70,000 âmes. Depuis lors elle avait considérablement augmenté. Les paysans, chassés par l'inondation, étaient venus se réfugier dans la ville, de sorte qu'il y avait plus de 80,000 personnes à Szegedin au moment où les eaux ont envahi la cité.

La rivière de la Theiss, sur les bords de laquelle est située Szegedin, traverse l'est de la Hongrie et la plus grande partie de la Transylvanie. Elle prend sa source dans les monts Carpathes, et va se jeter dans le Danube à environ vingt milles de Péterwardein, après avoir traversé Szegedin, Tokay et Szolnok.

Divisée en haute et basse ville, Szegedin se trouve protégée contre les débordements de la Theiss par trois digues.

Malheureusement ces digues se trouvaient en mauvais état lorsque, au mois de mars 1879, une crue subite de la Theiss vint menacer la ville d'un désastre. Les eaux eurent facilement raison des deux premières digues ; c'est à fortifier la dernière que les habitants et les deux mille soldats envoyés à leur secours durent concentrer tous leurs efforts. Dans la journée du 10 mars, le danger était déjà très grand, mais on espérait encore le conjurer.

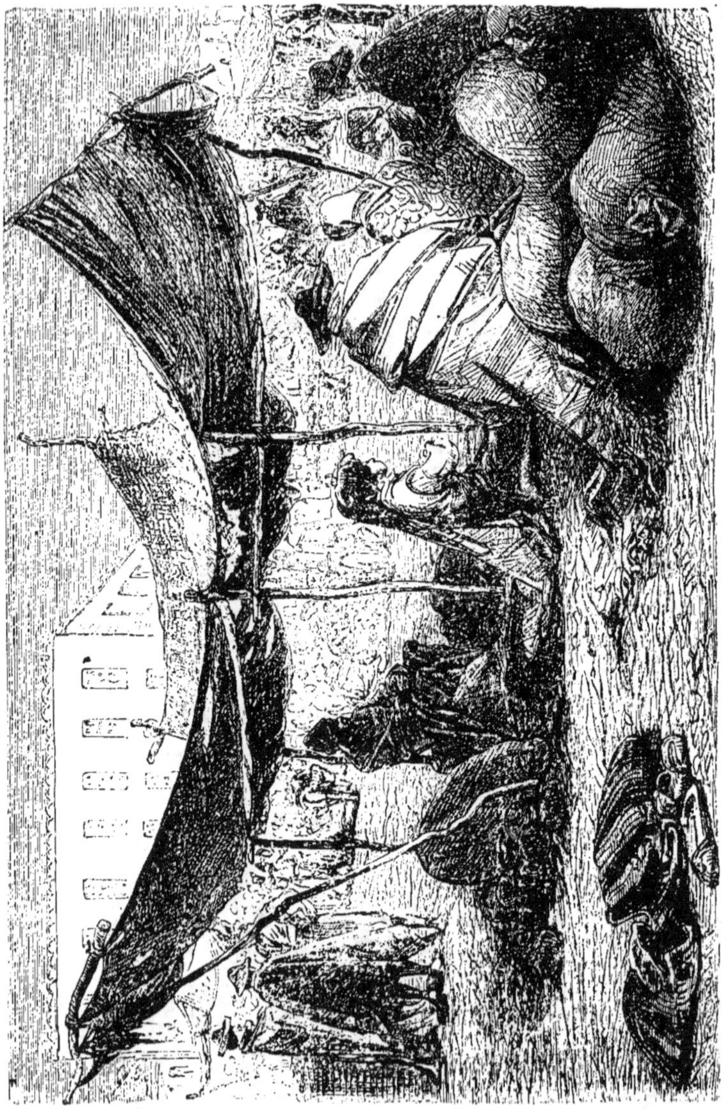

Le marché, à Murcie.

Il n'y avait plus qu'une faible digue qui protégeât la malheureuse ville, située en contre-bas des flots en fureur. Cependant la population ne perd pas courage : hommes, femmes et enfants, tout le monde travaille pour conserver cette dernière planche de salut. Le temps était splendide, et tout le monde espérait encore que Szegedin serait sauvé, lorsque, vers dix heures du soir, un violent orage éclate subitement.

Bientôt la nouvelle de la rupture de la digue se répand dans la ville, et la foule se précipite en sens divers. Sur la digue, le spectacle est effrayant : la tempête lance contre la levée des vagues gigantesques, mais les habitants travaillent toujours, apportant des sacs de terre. Les uns crient et sanglotent, les autres restent muets.

« Une lézarde ! s'écrie quelqu'un. Ici les ouvriers ! » Et des centaines de personnes accourent. On jette une trentaine de sacs de terre dans le trou béant creusé par l'eau envahissante, et on les assujettit au moyen de pieux. Les pauvres gens ne se découragent pas. Mais, hélas ! tout est fini, la dernière digue est rompue sur un espace de six mètres de large. L'eau se précipite sur la malheureuse ville vouée à la destruction ; la population cherche son dernier salut dans la fuite.

Les eaux se répandent en masses effroyables de tous les côtés à la fois sur la ville de Szegedin, dont les deux tiers sont submergés. Les maisons s'écroulent avec fracas, et la population s'enfuit vers les quartiers élevés de la ville et vers New-Szegedin. C'était au milieu de la nuit ; l'eau, en envahissant la ville, éteint le gaz, et l'obscurité devient complète. Des cris s'élèvent de tous côtés : hommes, femmes et enfants appellent au secours. Au moment où les maisons s'écroulent, les habitants se réfugient sur des planches et des débris flottants. Dans certains quartiers de la ville basse l'eau atteint une profondeur de sept mètres.

L'approche de la ville devient fort dangereuse. Les charpentes des toits, les meubles des maisons, les cadavres des animaux domestiques flottent au gré des eaux. L'emplacement de Szegedin ne forme plus qu'un vaste lac d'où émergent çà et là quelques maisons, deux ou trois par rue. De quelque côté que le regard se porte, on n'aperçoit que des habitants en détresse implorant du secours, et de temps à autre les maisons qui les supportent s'écroulent avec fracas.

Les travaux de sauvetage continuèrent pendant plusieurs jours, et la plume ne saurait retracer toutes les scènes lugubres, tous les épisodes de ce sinistre drame.

« A peine notre bateau était-il entré dans une rue transformée en canal, raconte un témoin oculaire, que nous vîmes des deux côtés les maisons qui s'écroulaieut. Au fond d'une cour, trois hommes juchés sur le toit d'une maison crient au secours. « Allons-y, s'écrie le timonier. — Mais « la maison va nous ensevelir sous ses décombres, observe « l'un des rameurs. — Eh bien ! elle nous tuera, » répond simplement le brave timonier.

Le bateau entre dans la cour, et les trois hommes sont sauvés; mais à peine le petit esquif avait-il quitté le lieu du sinistre, emportant sa proie, qu'un craquement se faisait entendre : la maison n'existait plus.

« Le désespoir rendait fous certaines gens, raconte le même témoin. C'est ainsi qu'en passant devant le domicile d'un malheureux, nous vîmes celui-ci brandir un revolver et nous crier : « Sauvez-moi, ou je vous tue! »

Les sauveteurs étaient à chaque instant mis en danger de mort, soit par la fureur des flots, soit par les obstacles invincibles qui faisaient chavirer leurs barques, soit par les menaces de quelques égarés qui voulaient qu'on emportât leurs effets, quand il y avait à peine assez de place pour sauver les individus.

« Dans une des rues de la ville inondée, raconte un autre témoin, nous vîmes une femme isolée marcher dans l'eau; elle était visiblement épuisée; elle chancelait; dans son tablier relevé elle portait un fardeau trop lourd pour ses forces. Les rameurs dirigèrent le canot de son côté, l'un d'eux la saisit et la tira dans le bateau; elle retint soigneusement son tablier jusqu'à ce qu'elle fût en sûreté sur le banc; mais là, elle laissa tomber ses bras, et du tablier s'échappèrent... six énormes poids en fer. Voilà le bien précieux que dans son trouble elle avait ramassé et voulait sauver. Un peu plus loin, les mêmes rameurs sauvaient un ingénieur dont l'embarcation avait chaviré, et qui s'était cramponné, ainsi que sa femme et ses deux enfants, au tronc d'un acacia. Les sauveteurs arrivèrent au moment où ces malheureux, désespérés de la mort de leur plus jeune enfant, allaient abandonner leur dernier asile. »

On n'a jamais su exactement le nombre des victimes. Le curé de Szœzegh, village voisin de Szegedin, racontait que dès le 14 mars, c'est-à-dire quatre jours seulement après la catastrophe, il avait enterré plus de 200 noyés. Le chiffre total de ces malheureux s'éleva certainement à plusieurs milliers. Sur les six mille maisons que comptait la cité autrefois si florissante de Szegedin, à peine six cents résistèrent à cette épouvantable catastrophe.

Profondément attachés à leur ville, les Szegedinois survivants se décidèrent avec peine à abandonner leurs foyers. Pendant plusieurs jours de nombreux habitants restèrent sur les digues et sur d'autres points élevés, s'abritant sous des huttes en bois mal charpentées; mais, le temps devenant de plus en plus froid, ils durent chercher des habitations plus confortables. A la fin du mois de mars on les vit se disperser dans tous les sens, emportant avec eux ce qu'ils avaient pu sauver.

La misère, les maladies qui suivirent et furent la conséquence du fléau, seraient difficiles à décrire : la charité publique fut impuissante à les soulager. L'empereur François-Joseph, en parcourant ces ruines sur un ponton quelques jours après la catastrophe, ne put s'empêcher de verser des larmes sur cette malheureuse cité, qui probablement ne se relèvera jamais complètement.

Quelques mois plus tard, en cette même année 1879, une catastrophe de même nature venait ravager et désoler une autre contrée de l'Europe, l'Espagne.

La province de Murcie s'étend le long de la Méditerranée, qui la borne au sud, enclavée entre celles d'Alméria, d'Albacete et d'Alicante. Murcie en est la capitale ; mais Carthagène en est la ville la plus industrieuse, la plus active, la plus vivante. Cette province ne s'est jamais bien repeuplée depuis l'expulsion des Maures, et l'émigration y fait chaque année quelque vide. Les paysans s'embarquent volontiers sur le premier paquebot venu, et vont se fixer en Algérie, dans la province d'Oran, où ils forment une partie relativement considérable de la population.

Les plaines arides de la Murcie tendent à se dépeupler de plus en plus au profit du vallon, où la terre, convenablement arrosée par la Segura, produit presque sans travail. Dans cette vallée de la Segura, les cabanes se touchent dans une étendue de trente-six à quarante kilomètres de long, sur une largeur variant entre un et dix kilomètres.

Le climat de la province est très chaud : les étés y sont brûlants, les terres dévorées par un soleil ardent qui les dessèche ; et cependant le sol y est tellement productif, que la culture la plus négligée suffit pour récompenser les travaux du cultivateur. Le ciel est presque toujours pur et sans nuage ; les brouillards y sont inconnus.

Le costume des habitants est pittoresque. Été comme hiver, ils se drapent avec autant de naturel que de noblesse dans une large pièce d'étoffe de laine à rayures vives dont ils laissent retomber les pans, soit en avant, soit en arrière. Une sorte de camisole blanche formant gilet, une large ceinture de laine rouge aux extrémités flottantes, et une culotte blanche, courte et large, composent le reste de leur habillement. Le visage bruni comme un bronze florentin, des yeux noirs et vifs, la jambe nerveuse et rôtie par le soleil, les habitants de la province rappellent le type maure.

Les principales villes du pays n'offrent rien de remarquable. Une ligne de chemin de fer relie Murcie à Madrid par Albacete; en dehors de cette ligne, le voyageur chercherait en vain des voies de communication faciles; les autres chemins sont mal frayés, coupés par des ornières profondes et mal desservis.

Tel est le pays, tel est le peuple sur lesquels allait fondre l'une des plus terribles inondations dont l'histoire ait conservé le souvenir. Jamais on ne vit tels dégâts ni tant de victimes en si peu d'heures.

Une tempête accompagnée de pluie et de grêle commença, dans la soirée du 14 octobre 1879, simultanément dans les provinces de Malaga, d'Alméria, de Grenade et de Séville. Mais elle atteignit son maximum de violence à Murcie et à Alicante, dans la vallée de la Segura, où la sécheresse durait depuis plusieurs mois.

Le bassin de la Segura et du Mundo, flanqué de sierras et de collines, forme une longue plaine cultivée, couverte de fermes, de villages, de moulins, souvent situés plus bas que les lits des rivières et torrents, à sec dans cette saison. Après sept heures d'orage, entre minuit et deux heures du matin, la Segura et le Mundo roulaient un volume d'eau tel, que la campagne fut transformée en un torrent qui balaya digues, barrages, moulins, fermes et villages entiers. Nonduermas, Fra-Alta, Torre-Aguera, Alcantarilla, la Raya, avec des centaines de maisons, furent presque totalement rasées, et toute la plaine, sur une étendue de près de cent vingt kilomètres, fut transformée en un lac, dont les eaux détruisirent soixante-dix-huit kilomètres de fils télégraphiques, plusieurs ponts et chaussées, enfin la voie ferrée.

Vers une heure du matin, les cloches des paroisses sonnaient le tocsin dans les villes de Murcie, de Orihuela et de Lorca, pour avertir les habitants du danger; mais bientôt les usines à gaz ayant été inondées, ce fut au milieu de l'obscurité la plus complète que le sauvetage dut commencer. A la lueur des torches, les autorités et les habitants

de Murcie sauvèrent la population de trois faubourgs, où
la rupture d'une digue amena la destruction de deux cents
maisons. Un très grand nombre de victimes furent entraî-
nées vers la mer par l'impétuosité des eaux.

Dès le lendemain, les autorités établirent des asiles dans
les édifices publics, le palais de l'évêque, et des barques
allèrent recueillir les habitants perchés sur les toits ou réfugiés dans les étages supérieurs des maisons. A Murcie,
on ne découvrit pas moins de cent quarante cadavres.

Le niveau ordinaire des eaux fut dépassé de trois à huit
mètres dans la vallée de la Segura. Pendant quarante-huit
heures il ne fut pas possible de secourir les villages et les
fermes des environs ; et les eaux ne cessèrent de charrier
les bestiaux, les récoltes, les meubles et les corps des
paysans surpris dans leur sommeil.

Orihuela et Lorca, surpris la même nuit, virent en un
instant toutes leurs rues inondées. La plupart des maisons
s'effondrèrent. Dans l'obscurité, les cris des victimes, la
confusion, la panique, amenèrent des scènes terribles.
Quand on put, grâce à un prompt envoi de secours de Carthagène et d'Alicante, organiser le sauvetage, le gouverneur, les évêques, les principales autorités et les notables
rivalisèrent de zèle pour dégager les personnes menacées.

A Murcie, le nombre des personnes dépassait deux
cents ; à Orihuela, cinquante ; à Lorca, soixante. Les pertes
dans les villages et la vallée sont demeurées inconnues ;
et malgré l'activité déployée pour ensevelir les morts, les
cadavres restèrent quelque temps entassés sur le bord des
routes.

A la nouvelle du désastre, les principaux journaux de
Madrid s'empressèrent d'ouvrir une souscription en faveur
des malheureux inondés, et recueillirent en quelques jours
des sommes importantes. Mais la calamité était de celles
auxquelles la charité ne peut apporter un remède suffisant.
Les pertes matérielles furent évaluées à plus de soixante
millions. Dans la province de Murcie il y eut près de cinq
cents victimes ; trois mille cinq cents maisons et cent vingt

moulins furent détruits ; environ vingt mille personnes sans asile se réfugièrent à Murcie et à Orihuela.

Le roi d'Espagne Alphonse XII, voulant donner un témoignage de sympathie aux malheureux inondés, traversa à cheval ou en bateau tout le pays, prodiguant sur son passage les secours et les consolations.

La France elle-même voulut s'associer à ce deuil public, et l'on n'a pas encore oublié la loterie franco-espagnole autorisée en faveur des pauvres de Paris et des inondés de Murcie.

<hr>

XXVI

INCENDIE DU THÉATRE DE NICE

(23 mars 1881)

Quelques théâtres s'écroulent ; d'autres sont abandonnés par suite de vétusté, mais la plupart périssent de mort violente. A peine construits, ils sont en quelque sorte voués aux flammes : tôt ou tard l'incendie les consumera. Dans un intéressant ouvrage écrit tout spécialement sur ce sujet, M. de Pourville donne la liste des théâtres qui ont ainsi péri, et cette liste montre assez que l'incendie est l'ennemi le plus à craindre.

Aussi, dans les monuments récemment édifiés pour cette destination, a-t-on pris toutes les mesures nécessaires pour prévenir et combattre le danger d'incendie. Autant que faire se peut, le bâtiment est construit avec des matériaux incombustibles : brique, pierre et fer ; le bois n'est admis qu'à titre d'exception et pour les parties de l'édifice qui ne sauraient s'en passer.

Mais s'il est facile d'appliquer ces principes de construction à la salle elle-même, il en est autrement d'autres parties du théâtre.

La scène est plus particulièrement menacée. Toutes ces flammes d'éclairage qui montent des planches aux frises, ces lampes qui sillonnent tous les plafonds, ces feux si fréquemment employés pour les effets de nuit en scène, tout cela se rencontre et se développe là justement où la construction est forcément plus inflammable.

C'est là le côté dangereux ; car on aura beau supprimer dans la construction tout ce qui pourrait fournir un aliment au feu, resteront le plancher du théâtre, les accessoires, toutes les toiles peintes et les châssis de décoration, qui seront toujours les foyers les plus ardents et les plus fréquents d'incendie.

Le danger persistant malgré toutes les précautions qu'aura pu prendre l'architecte, il devient nécessaire d'établir des engins de sauvetage qui pourront être en état de lutter victorieusement contre les incendies qui se manifesteraient. Ces engins, ces moyens, tout le monde les connaît : ils ne peuvent varier que dans la disposition imposée par la configuration des lieux : réservoirs supérieurs et inférieurs, colonne d'eau montante, simple ou forcée, pompes à bras ou à moteurs, lances, échelles, éponges, enfin tout le matériel mis en usage par les sapeurs-pompiers.

Malgré toutes les précautions prises, il faut encore une surveillance active pour écarter tout danger, et il suffit de se relâcher un instant de cette surveillance pour qu'un accident arrive. Les incendies de théâtres sont d'autant plus fréquents de nos jours, que les salles deviennent de plus en plus nombreuses. En 1871, c'est l'incendie du théâtre des Célestins, à Lyon. En 1873, le grand Opéra de Paris ; en 1876, le théâtre des Arts, de Rouen, sont dévorés par les flammes. Nous pourrions en citer d'autres ; nous préférons raconter avec quelques détails la catastrophe encore récente du théâtre de Nice, qui eut dans toute la France un si douloureux retentissement.

Au mois de mars 1881 Nice était en fête ; on s'y rendait de tous les points de la France et de l'Europe. Les affiches avaient annoncé le 23 mars une soirée de gala pour la dernière représentation de Mlle Bianca Donadio dans *Lucie de Lammermoor*, et pour terminer le spectacle un ballet, *Vera*.

Le théâtre municipal, où l'on devait chanter l'opéra italien, était une vieille construction sans aucun style, aux fenêtres exiguës et aux dégagements insuffisants. La façade de l'édifice donnait sur la rue Saint-François-de-Paule, et l'entrée des artistes se trouvait dans une ruelle qui va de la rue Saint-François à la mer. L'intérieur de l'édifice était loin d'être en bon état. Les tuyaux du gaz, posés depuis plus de onze ans, avaient besoin de réparations urgentes. Quatre mois auparavant une fuite de gaz avait déjà causé une panique terrible. On s'était contenté dès le lendemain de boucher les trous avec du ciment.

Le jour même où la représentation de gala devait avoir lieu, le 23 mars, à quatre heures, au moment où la répétition finissait, on s'aperçut d'une nouvelle fuite à la rampe ; il y avait une telle odeur de gaz dans la salle, que le directeur du théâtre crut devoir prévenir l'autorité et demander que la représentation fût contremandée. Il n'en fut rien ; on répara les tuyaux en toute hâte. Deux petits apprentis gaziers firent le travail sans surveillance, et la représentation de gala allait commencer.

Les bureaux ouvrirent à huit heures et demie, et les spectateurs des petites places s'empressèrent de gagner les étages supérieurs. Le contrôle avait délivré cent quatre-vingt-un billets : quatre loges et les fauteuils commençaient à se garnir de spectateurs ; le rideau se levait sur le premier acte de *Lucie*, lorsqu'au bout de quelques minutes la herse fit explosion. Le gaz, échappé des tuyaux reconnus à la dernière heure en mauvais état, s'était condensé dans les frises du théâtre, et l'explosion s'était produite au moment de l'allumage des premiers portants dans la coulisse.

On vit tout à coup les flammes sortir des frises, gagner toute la scène. Les cris : *Au feu ! au feu !* partirent à la fois de tous les coins du théâtre, et l'affolement devint effroyable.

Presque aussitôt après de nouvelles explosions se firent encore entendre, puis la salle et la scène se trouvèrent subitement dans une obscurité complète. On s'était empressé de fermer le compteur, qui était le même pour la salle et la scène. De là les premières bousculades et les premiers étouffements.

Les lueurs effroyables de l'incendie, qui se propageait avec une rapidité terrible, permettaient d'entrevoir quelques malheureux artistes qui traversaient la scène, éperdus, fous de terreur, cherchant une issue que leur barraient les flammes. Dans la salle, le public des galeries se rue dans les escaliers tortueux vers les couloirs avec une sauvagerie féroce. Les femmes, les enfants sont foulés aux pieds; on n'entend que les cris de terreur et de désespoir de tous ces gens qui luttent pour sauver leur vie, et qui se sentent mourir étouffés par la fumée ou broyés sous les pieds de leurs voisins.

Au dehors, le spectacle était navrant. Malgré la promptitude des secours, le feu avait de l'avance, et les artistes, les choristes, tout le personnel du théâtre enfin, courait un danger terrible. On vit des grappes humaines suspendues aux fenêtres, puis, gagnées par le feu ou asphyxiées, tomber mortes sur le sol. Mlle Bianca Donadio, surprise au moment où elle sortait de sa loge pour entrer en scène, se sauva presque à travers les flammes. Son impressario fut légèrement blessé à la jambe. Le colonel du 111° de ligne, qui était dans une loge, avec sa femme et ses filles, eut les plus grandes peines à se sauver.

Les pompiers, les troupes de la garnison, les compagnies de débarquement s'étaient empressés d'accourir sur le lieu du sinistre. Des prises d'eau furent immédiatement organisées, et l'incendie attaqué avec une énergie, un courage et un dévouement admirables. A dix heures on était à peu près maître du feu; ce qui n'empêcha pas les autorités civiles et militaires de rester là la plus grande partie de la nuit pour assister au sauvetage.

Il fut enfin possible de pénétrer dans l'intérieur du

théâtre incendié. Le spectacle était horrible : il y avait là un amoncellement de cadavres noirs, hideux, quelques-uns presque entièrement carbonisés. C'étaient les corps de ces malheureux spectateurs des dernières galeries qui, aveuglés par la fumée, s'étaient précipités tous à la fois par les escaliers tortueux. Hommes, femmes, enfants, avaient roulé dans cet étroit espace ; les escaliers étaient tellement obstrués, qu'il fallut tirer les premiers cadavres à l'aide de prolonges.

A trois heures du matin, soixante-deux cadavres étaient transportés dans l'église Saint-François-de-Paule et dans une salle de la mairie. Peu étaient brûlés. On pouvait voir sur les visages et dans l'attitude de ces cadavres les angoisses de la plus atroce agonie. On trouva un groupe composé du père, de la mère et d'un jeune enfant, tous trois se tenant enlacés, et le pauvre petit ayant encore une orange à la main.

Tous les cadavres furent ensuite transportés dans l'allée des Soupirs, au cimetière du Vieux-Château. C'est là que parents et amis vinrent les reconnaître. Parmi les morts se trouvaient : Cottoni, la basse chantante, qui a été asphyxié au moment où il allait gagner la sortie ; M. Bus, président de la société de commerce d'Avignon, sa femme, sa belle-sœur et son neveu ; un docteur allemand, M. Arend de Constad. La plupart des autres victimes étaient des artisans niçois ou italiens.

Les funérailles des victimes eurent lieu le surlendemain, 25 mars, avec une pompe extraordinaire. Toute la population de Nice et des campagnes environnantes y assistait : tous les magasins étaient fermés. Les cercueils furent placés dans cinq grandes voitures appartenant à l'artillerie, drapées de noir et couvertes de couronnes et de fleurs. A dix heures le cortège, dont faisaient partie toutes les autorités civiles et militaires, alla prendre les corps au cimetière du Vieux-Château, et redescendit à l'église du port, où un immense autel avait été dressé en plein air. Mgr l'évêque de Nice et les curés de toutes les paroisses étaient présents.

A la fin de la cérémonie, M. Borriglione, maire de Nice, prit la parole, et dans un discours ému fit un chaleureux appel à la charité publique. La souscription ouverte à la mairie s'éleva le jour même à plus de cent mille francs.

Après avoir étayé ou démoli les pans de murailles qui restaient encore debout, on commença le lendemain les travaux de déblaiement du théâtre. De nouveaux cadavres furent découverts sous les décombres, et vinrent porter à une centaine environ le nombre des victimes. On frémit en songeant qu'une demi-heure plus tard plusieurs centaines de personnes, appartenant aux familles les plus connues de la société française et étrangère, auraient pu figurer sur cette liste déjà si nombreuse.

XXVII

CATASTROPHE DE CHARENTON

(5 septembre 1881)

Aucun accident n'impressionne davantage l'opinion publique que les accidents de chemin de fer. Aujourd'hui tout le monde voyage plus ou moins souvent; personne ne peut éviter de se servir de cette voie si facile de communication, les chemins de fer; chacun par conséquent peut, à un moment donné, être victime d'un de ces accidents trop fréquents, hélas! dont les détails remplissent les colonnes des journaux. Et chaque fois que pareil malheur arrive, chacun de se demander quelles sont les causes de l'accident, et à qui incombe la responsabilité de la catastrophe.

M. Bontoux, ancien directeur des chemins de fer, a publié à ce sujet dans le *Correspondant* du 10 septembre 1881 un article des plus intéressants. Examinant d'abord la nature et les causes des accidents, il les classe en deux caté-

gories : les accidents où un seul train est en cause : les
accidents auxquels concourent deux trains.

Dans la première catégorie rentrent les déraillements
et tous les acccidents provenant d'une avarie ou d'un vice
dans le matériel.

« Il est très difficile, pour ne pas dire impossible, dit
M. Bontoux, de déterminer la cause d'un déraillement ; les
bris d'essieux, de ressorts, de bandages, les avaries de la
voie constatées après l'accident peuvent en être aussi bien
la conséquence que la cause. On a vu des trains dérailler
en pleine ligne droite, sur une voie dont le parfait état
avait été constaté quelques instants auparavant ; et, après
l'accident, rien ne pouvait en indiquer la cause. Il se
produit, dans le développement énorme de forces vives
qui résulte du mouvement à grande vitesse de masses très
lourdes, des phénomènes que la science actuelle de la
mécanique est impuissante à prévenir. »

Dans ces accidents-là personne ne saurait être respon-
sable. Il en est autrement des accidents de la deuxième catégorie. Un train ne peut en rencontrer, ni en tamponner,
ni en prendre un autre en écharpe, sans une irrégularité
dans le service. Tous les cas ont été prévus, les règlements
les plus minutieux ont été établis ; mais les matières et les
engins employés par l'industrie humaine ne sont pas par-
faits ; le personnel des compagnies de chemins de fer laisse
parfois à désirer, et les accidents se multiplient en raison directe de l'extension des voies ferrées.

Il ne se passe pas d'années, pas de mois, sans que l'on
ait à enregistrer, soit en France, soit à l'étranger, quelque
catastrophe nouvelle. La liste en serait trop longue à
dresser : qu'il nous suffise de dire qu'aux États-Unis, d'a-
près des statistiques officielles de 1876, le chiffre moyen
des victimes d'accidents de chemins de fer s'élève annuel-
lement à mille trois cents tués et six mille blessés. En
France, ce chiffre est heureusement beaucoup moins con-

sidérable. Parmi les catastrophes les plus récentes on peut citer celle de Clichy-Levallois, en février 1880, et celle de Charenton, en septembre 1881 : toutes deux aux portes de Paris. Nous nous bornerons à donner quelques détails sur cette dernière.

Le 5 septembre 1881, à cinq heures trente-huit minutes du matin, partait de Montargis, en destination de Paris, le train omnibus n° 584. La plupart dès voyageurs revenaient des fêtes champêtres qui avaient eu lieu dans les campagnes environnantes, et ne songeaient qu'à regagner gaiement la capitale. Bien plus, le dernier wagon avait reçu les membres de la société orphéonique de la Ferté-Alais, convoquée à Londres pour un concours musical. Ils étaient bien loin, les malheureux, de penser à la mort épouvantable qui les attendait !

Ce train, qui habituellement va directement et sans arrêt de Villeneuve-Saint-Georges à Paris, dut remplacer, aux stations de Maisons-Alfort et de Charenton, le train n° 18, parti devant. A neuf heures vingt-trois minutes il s'arrêtait donc à Charenton, et quelques voyageurs y descendaient. Mais à peine le signal du départ était-il donné, que l'on vit au loin, du côté de Maisons-Alfort, apparaître sur la voie une ombre gigantesque glissant avec la rapidité de la foudre. C'était le train rapide de Marseille. La catastrophe était inévitable. Nous allons laisser un témoin oculaire nous en raconter les péripéties. Dans ce récit, inséré au *Figaro*, on sent encore l'homme qui vient d'échapper au danger et écrit sous cette impression.

« Il est midi. J'arrive en voiture de Charenton. J'étais dans le rapide qui a crevé le train de Corbeil, et je vous envoie à la hâte quelques notes d'une main encore tremblante, c'est le cas de le dire.

« Notre train avait un peu de retard. Nous filions à toute vitesse. J'étais dans le premier wagon après la machine. Un seul voyageur avec moi ; lui, faisant face à la locomotive, dans le coin de gauche; moi, dans le coin de droite, assis en sens inverse, lisant.

« Je m'aperçus que nous passions devant une station, et je levai les yeux. A peine avais-je pu lire l'inscription : *Télégraphe,* au-dessus de la porte de la gare, la dernière, que je fus projeté en avant, sur la banquette en face, avec une grande force, comme une poutre qui m'aurait frappé les reins, à travers un matelas. En même temps ma valise dégringolait du filet. Le bruit d'une énorme planche brisée, des cris : voilà tout.

« Mon compagnon restait immobile, ayant été collé à sa place, sans choc.

« — Mais ouvrez donc ! ouvrez ! »

« Je me précipitai à la portière.

« Notre train ne bougeait plus. Tandis que j'ouvrais, sur le quai, tous les employés couraient. Déjà un homme étendu sur le trottoir. En un clin d'œil, tout en descendant, je vis la locomotive toute droite, montée sur un wagon broyé. Alentour, les débris d'autres wagons.

« A partir de cette seconde les cris commencèrent, déchirants ; il faut les avoir entendus pour savoir ce qu'une bouche humaine peut proférer de surhumain, d'inhumain. On doit garder cela toute la vie dans l'oreille.

« J'étais le premier sorti du train. Les employés s'étaient élancés sur une partie de wagon projetée sur le trottoir de gauche, et dans lequel un homme hurlait. Nous parvîmes à le dégager. Il avait la tête en sang, un gros trou entre les yeux, les mains tailladées.

« En avançant vers la machine, à deux ou trois mètres, je vis sous les roues une femme repliée en deux sur elle-même, la tête aux pieds, toute noire de fumée et de poussière, morte.

« Devant la machine, sous la machine plutôt, une montagne de décombres d'où montaient des cris de détresse, d'angoisses, la voix des femmes dominant, plus perçante, plus pressante.

« On se mit au déblayage. D'autres voyageurs, une dizaine, étaient venus, le gros se tenant à l'écart ; le frère du roi de Siam et sa suite, plus stupéfaits que terrifiés ; des Anglais courant chercher de l'eau sucrée, pour eux. Ces détails me reviennent. Sur la minute, il ne me frappaient guère.

« Le spectacle était inouï d'horreur. J'ai vu retirer du puits de Frameries une cinquantaine de cadavres calcinés. Ce n'était rien comparé à la hideur de ces malheureux. Le sang coulait, suintait. A mesure que nous enlevions les morceaux de wagons, nous touchions des corps en loques ; surtout les figures, où l'on ne voyait plus un pouce de chair : tout sang, tout blessures. Presque tous morts ou blessés aux jambes et à la tête. Les jambes coupées à deux, trois, quatre endroits, comme de la viande de boucherie préparée au couperet, qu'on n'a plus qu'à détacher avec le couteau.

« Il n'y avait pas de médecins. Ce n'est guère qu'au bout d'un quart d'heure qu'on en put avoir. En attendant, nous portions les corps, blessés ou morts, sur les coussins de notre train, qu'on avait jetés sur le trottoir. On les étendait, puis on courait à d'autres. Et l'on en trouvait toujours !

« Le déblayage était difficile à cause de la locomotive qui surplombait. Un curé était monté dessus, près de la cheminée ; je devais le retrouver un peu plus tard, quand on put songer aux premiers pansements ; en voilà un, le cher vieux prêtre, qui a fait rudement son devoir ! Au milieu de tout cela passaient des gens à la recherche de leurs bagages. Vous devinez si nous les recevions bien !

« C'est seulement quand je vis alignés tous ces cadavres ou demi-cadavres, que je sentis une fière secousse. Jusque-là, je n'avais eu le temps de rien. Il y en avait des deux côtés du train, presque sur la longueur entière.

« Les femmes, toujours suppliant, criant : « Mon fils ! « mon mari ! mon père ! » Mais surtout, surtout le cri des mères : « Mon fils ! mon fils ! »

« Tout au bout, dans une salle de peintres, sur une

chaise, un pauvre petit de quatorze ans, un œil crevé, tout le mollet enlevé et un trou à la cuisse. Comme une femme m'avait tout à l'heure tiré par la jambe, réclamant son enfant, je demande au petit s'il avait sa maman avec lui.

« — Oui ; mais elle est morte ! elle est morte ! »

« Je retourne à la femme, je lui demande son nom, et je reviens à l'enfant. C'était bien sa mère. En chemin, dans mes bras, il me dit :

« — Je crois que j'ai une coupure à la jambe ; ça me cuit. »

« La mère lui collait sur la figure sa figure ensanglantée, l'inondant. Elle était plus malade que lui, la pauvre femme, et je crois qu'elle est morte après.

« Que vous dire ? c'est inénarrable ! Dans les salles d'attente, sur les deux trottoirs, partout des mutilés, des amputés, des écrasés. Les derniers retirés, la figure violette, comme étranglés. Un tout petit enfant, que sa mère affolée cherchait et qu'on ne retrouvait pas : il était dessous, dessous ; c'est le dernier qu'on a extrait des décombres.

« Aussitôt arrivés, les médecins se sont mis à l'œuvre avec une activité, hélas ! difficile. Forcés de soigner les guérissables, souvent obligés de passer devant les irrémissiblement perdus.

« Nous sommes restés là pendant deux heures. Quand j'ai quitté Charenton, j'estime qu'il y avait une douzaine de morts, trente blessés, parmi lesquels dix gravement en danger, quelques-uns sur le point de passer, les yeux déjà retournés, l'oreille transparente et blanche.

« Les blessés se tordaient en des souffrances sans nom. On ne pouvait les maintenir, et pourtant c'était absolument nécessaire... Pour les premières bandes, nous nous sommes servis de chemises prises sur le dos d'ouvriers du pays. Les appareils se faisaient avec des bouts de planches des wagons broyés.

« Quand les secours sont venus, plus nombreux et mieux

ordonnés, je suis revenu à Paris en voiture, la voie devant être obstruée longtemps encore. Je vous écris ceci bien au décousu, comme vous devinez, avec encore du sang sous les ongles. »

Il reste bien peu de chose à ajouter à un récit aussi dramatique et aussi complet. Les quelques personnes qui se trouvaient sur les quais de la station de Charenton, au moment du choc, durent assister à un spectacle effrayant. La locomotive du rapide, dressée presque droite, broyait sous ses roues le dernier wagon du train n° 584; tandis que, par la force du choc qui venait d'avoir lieu, les chaînes d'attache de la locomotive du train de Corbeil étaient brisées. Lorsque les deux trains furent complètement arrêtés, et que les voyageurs sains et saufs furent descendus des voitures, on s'empressa de porter secours aux victimes et de procéder à un déblaiement provisoire.

La nouvelle de l'accident se répandit vite à Charenton et à Paris. Préfet de police, sergents de ville, gendarmes, troupes de ligne arrivèrent successivement et en toute hâte. A deux heures et demie, une des voies était déjà dégagée et le service rétabli. Les wagons brisés du train 584 avaient été enlevés, et il ne restait plus sur la voie de gauche que la locomotive du train rapide, encore dressée sur la dernière voiture du train de Corbeil. A quatre heures les rails étaient remis en place, et il eût été difficile de s'imaginer qu'un accident de cette importance avait eu lieu six heures auparavant à cette même place, si le spectacle de la foule assiégeant les abords de la petite gare n'eût été là pour vous le rappeler.

Les vingt cadavres mutilés avaient été déposés provisoirement sous le hangar des marchandises. Quelques-uns furent immédiatement reconnus; les autres, au nombre de onze, furent transportés à six heures du soir à la morgue de Paris, après avoir été photographiés.

Le plus fort contingent des victimes avait été fourni par la société orphéonique de la Ferté-Alais. La nouvelle de la catastrophe se répandit rapidement dans les diverses stations de la ligne de Montargis. Si l'émotion avait été grande à Paris, elle fut encore plus poignante à Ballancourt et à la Ferté-Alais. La société musicale de cette dernière petite ville était composée d'une trentaine de musiciens ; un grand nombre de parents et d'amis les accompagnaient dans leur voyage à Londres. Ils étaient presque tous montés dans le dernier wagon du train tamponné. A la nouvelle du désastre, une foule anxieuse se précipita vers la gare, demandant des nouvelles aux employés. Ne pouvant rien obtenir de précis, quelques-uns partent aussitôt pour Paris. La nouvelle n'était que trop vraie ; mais heureusement les orphéonistes n'avaient pas tous pris le fatal wagon, et s'étaient répandus dans le train : la plupart des victimes n'appartenaient pas moins à la Ferté-Alais. Dès le soir, le chiffre officiel de ces victimes s'élevait à dix-huit morts et vingt-trois blessés : quelques jours après on comptait vingt morts et soixante-dix-sept blessés.

Quelques-uns des voyageurs devaient leur salut à des hasards providentiels. Ainsi M. le curé de la Ferté était descendu à Draveil pour parler à quelqu'un et n'était pas remonté. Un autre, un orphéoniste était descendu pour acheter un journal à la gare de Charenton, et c'est au moment où ses camarades lui criaient de se presser pour ne pas manquer le départ que le rapide est arrivé.

Une enquête fut aussitôt ouverte pour essayer de découvrir les causes de l'accident. Bien des faits ont été révélés ; mais la vérité est loin d'avoir été établie d'une façon claire et nette. De tous les employés, aucun n'avoue être en faute : tout le monde prétend avoir fait son devoir. Le mécanicien du rapide n'était pas en avance, et affirme avoir fait tout ce qui était possible pour arrêter son train. Les employés du train tamponné disent de leur côté qu'ils ont essayé, au péril de leur vie, d'enlever leur train et de fuir à toute vitesse devant la poursuite de l'express. Les employés de la gare de Charenton affirment que les signaux pour couvrir le train en gare ont été faits ;

mais il faut ajouter que le disque destiné à transmettre ces signaux ne fonctionnait pas très bien. Reste encore le retard où se trouvait le train tamponné par suite de son arrêt irrégulier à Charenton; mais c'est là un fait qui se produit journellement, et auquel il est difficile de remédier.

Cependant une polémique assez vive s'est aussitôt engagée dans les journaux au sujet de la responsabilité encourue par les administrateurs des compagnies, qui, pour réaliser quelques économies, laissent leur matériel en mauvais état, négligent d'employer les meilleurs systèmes de freins, surchargent les employés inférieurs, tout en ne leur accordant qu'un salaire insuffisant.

FIN

TABLE

————

20643. — Tours, impr. Mame.